Jürgen Langbein

Das Waldholz

Seine Geschichte von den Anfängen bis zur Gegenwart, beschrieben an Hand von vorgefundenen Dokumenten

Jürgen Langbein

Das Waldholz

Seine Geschichte von den Anfängen bis zur Gegenwart, beschrieben an Hand von vorgefundenen Dokumenten

Rediroma-Verlag

Bibliografische Information der Deutschen Nationalbibliothek:
Die Deutsche Nationalbibliothek verzeichnet diese Publikation in der Deutschen Nationalbibliografie; detaillierte bibliografische Daten sind im Internet über http://dnb.ddb.de abrufbar.

ISBN 978-3-96103-345-4

www.rediroma-verlag.de
11,95 Euro (D)

Inhaltsverzeichnis

1. Vorwort

Ich möchte mit diesem Büchlein, das ich aus einer Vielzahl von Dokumenten zusammengestellt habe, etwas Licht in die Geschichte des Waldholzes und der sich darum rankenden Mythen bringen. Es handelt sich hierbei um einen überarbeiteten und aktualisierten Auszug meines Buches „Welehingin". Zur Vereinfachung wurden die jeweiligen Quellen außer in der Aufstellung der „Urkunden und Archivalien über das Waldholz", in der entsprechenden Textpassage beschrieben. Die Bezüge auf verwendete Literatur sind dem Buch „Welehingin" entnommen. Die Fotos der Holzskulpturen stammen aus dem Waldholz. Eine nach neuen Erkenntnissen überarbeitete Gesamtausgabe meiner bisherigen Veröffentlichungen, welche im Sommer 2018 unter dem Titel „Bei den Leuten des Willeher" erscheinen wird möchte hiermit ankündigen. Das Waldholz ist eng mit der Geschichte der Willingen-Orte verbunden und spielt wegen seiner wirtschaftlichen Bedeutung für die am Waldholz beteiligten Orte / Gemeinden, deren Einwohner, sowie die Parochie Oberwillingen, in ihrer Geschichte eine bedeutende Rolle. Darüber, wie das Waldholz in grauer Vorzeit und seine gemeinschaftlichen Nutzungsrechte der Orte / Gemeinden und der einzelnen Einwohner entstanden sein soll, gibt es eine Sage, die Generation zu Generation weitergegeben wurde. Der Wahrheitsgehalt dieser Sage, der Ursprung des Waldholzes, sowie die überlieferten Nutzungsrechte bildeten den Gegenstand meiner Untersuchungen. Ich habe versucht die bisherigen Ergebnisse dieser Nachforschungen in diesen Büchlein für die nachfolgenden Generationen festzuhalten, dabei erhebe ich keinen Anspruch auf Vollständigkeit. Auf die Beschreibung der Waldholzgeschichte nach 1949 habe ich wegen mir nicht zugänglichen authentischen Materials und noch lebenden eventuell betroffen Personen weitgehend verzichtet. Das Archivgut hört zu diesem Zeitpunkt auch praktisch auf und zu den aktiven Aktenbeständen in den entsprechenden Behörden und Einrichtungen hatte ich keinen Zugang.

Dezember 2017

Jürgen Langbein

2. Bemerkungen zum Waldholz, seinem Ursprung und seiner Geschichte

Ausschnitt eines Navikatluftbildes bearbeitet von Jürgen Langbein

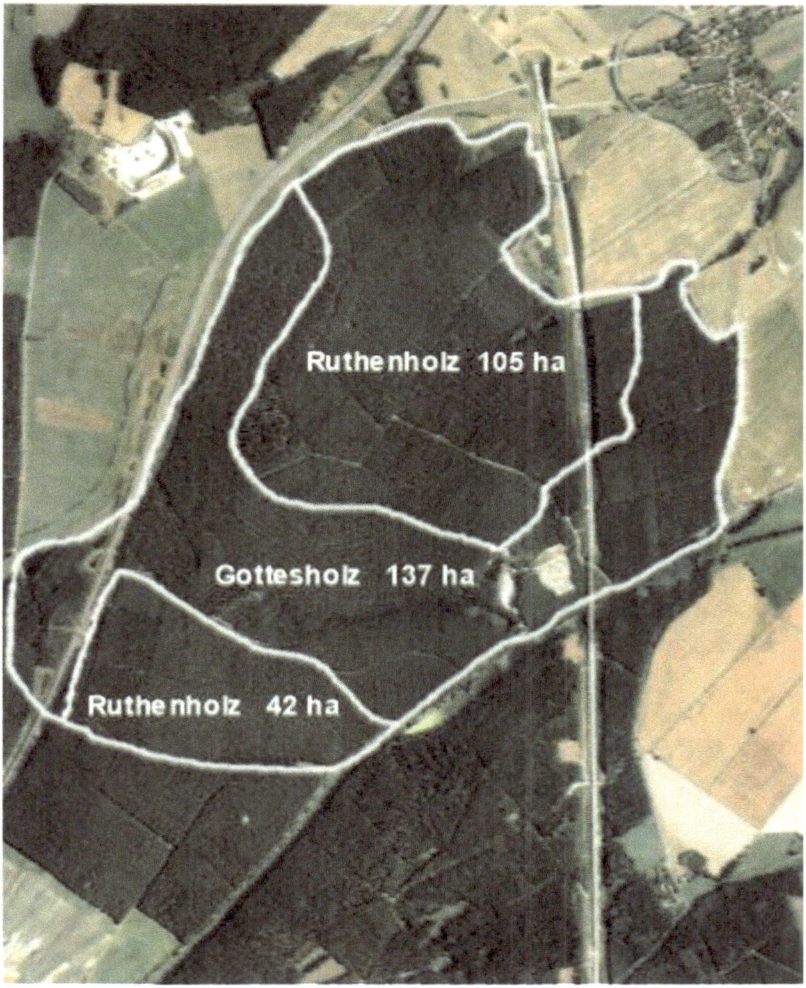

Das Waldholz ist ein ca. 285 ha großes Waldstück zwischen Traßdorf und Bücheloh, westlich der Bundesstraße 87 gelegen. Die neue Autobahn A 71 tangiert das Waldholz an seiner westlichen Grenze und die ICE Stecke Erfurt – Nürnberg durchschneidet es im Osten. Durch diese Baumaßnahmen somit die Errichtung der 380 KV-Stromtrasse wurde die Natur im Waldholz arg in Mitleidenschaft gezogen. Das Waldholz gehört zur Gemarkung Niederwillingen und bildet den überwiegenden Teil der Flur 12 dieser Gemarkung. Es handelt sich dabei um eine Exklave und wird von den Gemarkungen Traßdorf im Norden, Cottendorf im Osten, Lehmannsbrück im Südosten, Bücheloh im Südwesten und Neuroda im Westen vollständig umschlossen. Eine Verbindung zu den anderen Fluren der Gemarkung Niederwillingen besteht nicht. Die ältesten, mir bekannten, überlieferten schriftlichen Zeugnisse über das Waldholz stammen aus dem 16. Jahrhundert. Das Waldholz spielt besonders wegen seiner wirtschaftlichen Bedeutung für die am Waldholz beteiligten Orte / Gemeinden, deren Einwohner, sowie die Kirche (die Parochie Oberwillingen), in der Willinger Geschichte eine bedeutende Rolle. Darüber wie das Waldholz und seine gemeinschaftlichen Nutzungsrechte der Orte / Gemeinden und deren einzelne Einwohner entstanden sein sollen gibt es eine Sage, die Generation zu Generation weitergegeben wurde. Der Wahrheitsgehalt dieser Sage, der Ursprung des Waldholzes, sowie die überlieferten Nutzungsrechte bilden den Gegenstand meiner Untersuchungen. Dabei stieß ich sehr schnell auf einige Probleme und Wiedersprüche, die einige Fragen aufwerfen. Schon allein wegen der darin enthaltenen Widersprüche stellt sich das Ganze als ein sehr komplexes Problem dar und die daraus resultierenden Fragen lassen sich nicht so einfach beantworten. Ich habe versucht diesen Fragen auf den Grund zu gehen und einige Dinge zu erklären. Bis in jede Einzelheit ist mir das jedoch auch schon wegen der Komplexität und der mir zum Teil fehlenden Zugangsmöglichkeiten, nicht immer gelungen. Ich habe aber versucht, etwas Licht in das Dunkel dieser Geschichte zu bringen. Allein die Tatsache, dass es sich bei dem Grundbesitz der Niederwillinger Flur 12 um eine Exklave handelt und wie diese entstanden ist, stellt etwas Besonderes dar. Sie wirft Fragen auf, wie und warum diese Exklave entstanden ist. Die nächste Frage in diesem Zusammenhang ist, warum teilt sich der Besitz in dieser Exklave in die überwiegende Fläche, die zum Niederwilligen Waldholz gehört und im Verhältnis dazu einen verschwindend geringen Teil, der völlig in privater Hand ist und mit dem Waldholz nichts zu tun hat. Dazu kommt noch, dass es sich bei diesen privaten Eigentümern in der Flur 12 um eine große Zahl von Personen handelt die nicht aus Niederwillingen, sondern aus dem Ort Traßdorf entstammen. Das bekannte historische Schriftgut gab keine Antworten darauf. Exklaven kommen sehr selten vor. Solche Exklaven wurden bei der Markensetzung (Bestimmung der Grenzen einer Siedlung / Dorfschaft, Gemarkung = zu einer Siedlung gehörende Flurflächen) im Rahmen Besiedlungsgeschichte in der Regel vermieden, da diese nur über fremde Territorien zu betreten und zu nutzen sind. Damit sind immer Rechte dritter betroffen oder eingeschränkt. Auch die Verteidigung einer solchen Exklave war schwierig. Irrungen und Streitfälle wären vorprogrammiert. Es verwundert daher auch nicht, dass die Waldholzgeschichte voller Irrungen und Streitfälle ist. Da ich mich schon früher mit Siedlungsgeschichtlichen Fragen, dem Entstehen von Dorfschaften, Markgenossenschaften, sowie dem Entstehen erster Verwaltungs- und Rechtsstrukturen (die vor allem die Steuergerechtigkeiten begründeten) beschäftigt habe, war mir schnell klar, dass das Waldholz oder die jetzige Niederwillinger Gemarkungsflur 12 nicht einfach aus der gemeinen Mark, Markgenossenschaft oder der Allmende hervorgegangen sein kann. Das hätte bedeutet, dass die Mark Willingen in ihrer südlichen Ausdehnung früher bis an die Gemarkung Bücheloh gereicht haben müsste und später geteilt wurde, was aber wegen der bekannten Geschichte der betroffenen angrenzenden Orte als sehr unwahrscheinlich erscheint. Hinweise auf eine eventuelle eigene ehemalige Gemarkung, die Flur 12 betreffend, gibt es in der historischen Literatur nicht. Es sind auch keine Siedlungsreste in der Flur 12 bekannt. Die nächsten Siedlungen sind Bücheloh Traßdorf und Lehmannsbrück. Zum Entstehen der Exklave bedurfte es auf jeden Fall eines besonderen Rechtsaktes, der irgendwie beurkundet sein müsste. Denn auch im späten „Frankenreich“ oder im frühen „heiligen römischen Reich deutscher Nationen“ wechselten ca. 300 Hektar Grundbesitz (manche Dorfschaften hatten insgesamt keine größeren Fluren) nicht mal so einfach den Besitzer (siehe auch oben Bemerkungen zur Siedlungsgeschichte). Bereits damals wurden solche Rechtsakte (Verkäufe, Belehnungen, Schenkungen) rechtsverbindlich dokumentiert, schon um Irrungen, Fehden und sonstige Rechtsstreitigkeiten zu verhindern. Spätestens ab dem 12. Jahrhundert ist über solche Rechtsakte (besonderes in diesen Größenordnungen) in den Thüringer Staatsarchiven umfangreiches Urkunden- und Aktenmaterial vorhanden. Solche das Waldholz, bzw. die Exklave der Niederwillinger Flur 12 betreffend, sind aber nicht auffindbar (daraus ergeben sich wichtige Hinweise auf das eventuelle Alter des Waldholzes). Eine weitere Frage die sich hier stellt, warum ist das Waldholz in zwei Bestandteile, Gottesholz und Ruthenholz, mit noch dazu unterschlichen Rechten geteilt? Seit wann ist das so, wenn es in den verschiedensten vorgefundenen Dokumenten, das Waldholz als ein „Ganzes" bezeichnet und angesehen wird? Recherchen in alten Flur-, Grund- und Lagerbüchern brachten auf diese Frage keinen Aufschluss, sondern offenbarten nur neue Fragen und Wiedersprüche, auf die ich in den Weiteren Punkten näher eingehe. Bei meinen Untersuchungen wurde schließlich bekannt, dass das gesamte ausgedehnte Waldgebiet an der oberen Wipfra, früher Königsgut / Reichsgut (siehe oben *„Königsgut"*) war. Dieses Königs oder Reichsgut geht auf die Frankenzeit zurück. Den entscheidenden Hinweis fand ich bei Karl Elbracht, der auf diesbezügliche Archivalien im Staatsarchiv Gotha verwies. Diese Archivalien beinhalten Irrungen um Hut-, Trift- und Pfändungsangelegenheiten im Waldholze aus dem Jahre 1571. Friedrich von Witzleben zu Elgersburg, wendete sich beschwerdeführend an den Herzog Johann Wilhelm I. von Sachsen, dessen Untertan (Lehnsmann / Vasall) er war, und beklagte die Waldholzgemeinden, die wiederum Untertanen der Grafen von Schwarzburg waren. Aus einem Antwortschreiben der Grafen Günther und Albrecht von Schwarzburg vom 25.05.1571 an den Herzog, wird das Waldholz als *„uff des heiligen Reiches Lehen"* und *„die römisch-kaiserliche Majestät als des Orts Lehnsherr"* bezeichnet. Das Waldholz war also Reichslehen. Ein wichtiger Hinweis auf die Herkunft und die Rechtsstellung des Waldholzes, insbesondere des Eigentums an dem Grund und Boden zu dieser Zeit, der viele Fragen aufklärt.

Das Waldholz wurde nachweislich auch nie vollständig gerodet, während andere Wälder und Fluren, die nicht Königsgut / Reichsgut waren, gerodet und später wieder aufgeforstet wurden.
**vergl. ThStA Gotha, Geheimes Archiv, Akte H. H. II f 2, Blatt 19; K. Elbracht, S. 121 – 123; K-H Schinkel, S. 30, 122 ff*

Auszug aus dem Schreiben der Grafen Günther und Albrecht von Schwarzburg, datiert vom 25.05.1571, an den Herzog Johann Wilhelm I. von Sachsen, aus dem ThStA Gotha, Geheimes Archiv, Akte H. H. II f 2, Blatt 19

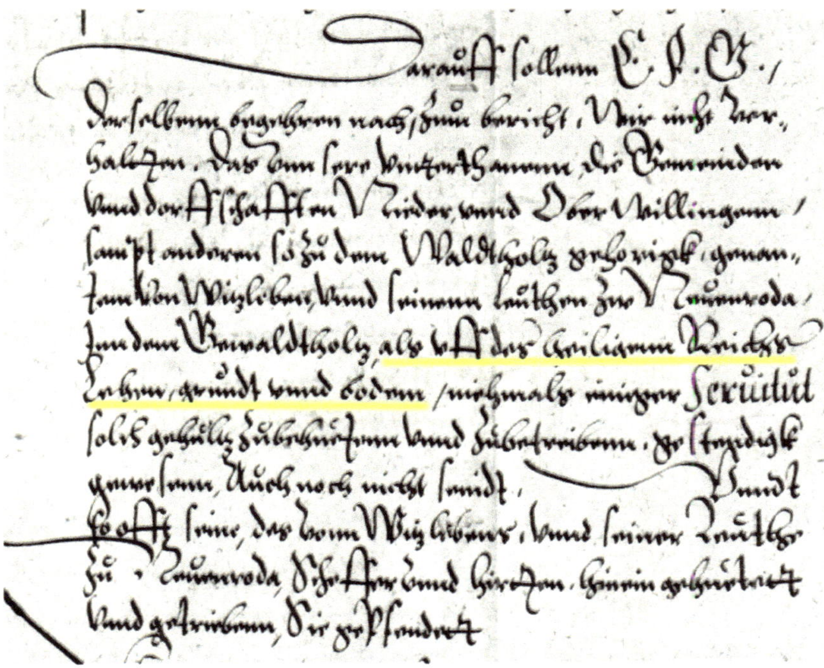

Am 24. Mai 1578 klagten die Gemeinden Oberwillingen, Beringen, Kettmannshausen und Traßdorf vor der gräflichen Kanzlei Arnstadt gegen die Gemeinde Niederwillingen. Im Antwortschreiben der Gemeinde Niederwillingen vom 7. Juni 1578, verteidigt diese ihre Vorrechte bei der Nut-

zung des Waldholzes mit dem Verweis, dass die Nutzung einer bestimmten Reihenfolge unterliegt. Es folgt eine Auflistung der Waldholzdörfer nach der die Verteilung erfolgt. Demnach gehörten damals die Orte Niederwillingen, Oberwillingen, Behringen, Kettmannshausen, Traßdorf, Oberbehringen und Breitenherda zu den Waldholzdörfern (siehe unten „Die Waldholzdörfer"). Im Weiteren wird beschrieben, dass „*Einem Jeden sein Gebühr zugemessen, welch also über Menschengedenkens gehalten worden*". Die Institution Waldholz existiert nach diesen Worten mit Sicherheit schon einige hundert Jahre länger als es dieses Archivale belegt.

**vergl. ThStA Rudolstadt, Kanzlei Arnstadt, Gr. VI –XII, Nr. 2079, Blatt 1 Rückseite*

Auszug aus dem Schreiben der Gemeinde Niederwillingen vom 7. Juni 1578, aus dem ThStA Rudolstadt, Kanzlei Arnstadt, Gr. VI – XII, Nr. 2079, Blatt 1 Rückseite

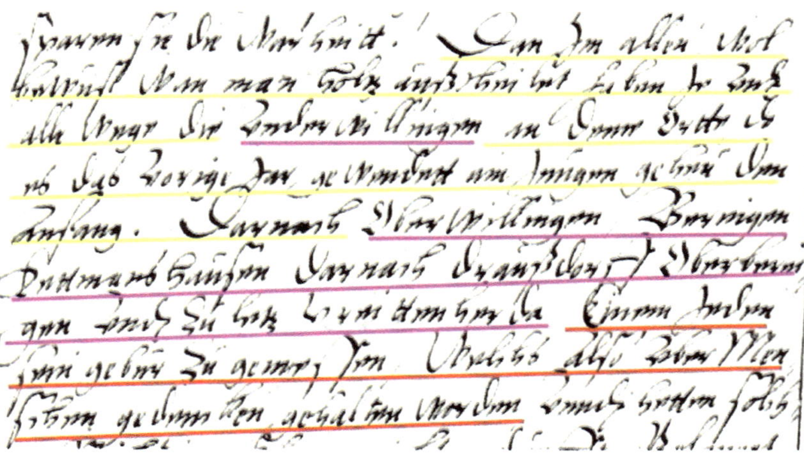

Foto Jürgen Langbein 2017

Dass es sich in unserem konkreten Fall des Waldholzes um ehemaliges Reichslehen handelt bedeutet:

- Der Grund und Boden war und blieb Eigentum des Heiligen Römischen Reiches Deutscher Nationen, sogenanntes Reichsgut. Nur die Rechte der Nutzung an dem Grund und Boden waren Gegenstand der Belehnung / Verleihung. An dieser rechtlichen Konstitution änderte sich auch nichts, solange das Heilige Römische Reich existierte. Es erlosch mit der Niederlegung der Reichskrone durch Kaiser Franz II am 6. August 1806. Das bedeutet, erst nach 1806 waren Veränderungen am Eigentum überhaupt möglich. Eigentlich sogar erst nach dem Ende der napoleonischen Kriege 1815 und der Durchführung von Reformen, die nach preußischen Vorbild (Freiherr von Stein, Hardenberg) auch in den Thüringer Herzog- und Fürstentümern, mehr oder weniger durchgeführt wurden. In Folge dieser Reformen konnten sich dann, aus dem ehemaligen Reichseigentum, diese rechtlichen Konstellationen wie sie sich in der Waldholzordnung von 1830/32 wiederspiegelt herausbilden (gemeinschaftliches Eigentum der Waldholzgemeinden am Bestandteil Gottesholz und privates Eigentum am Bestandteil Ruthenholz - siehe Waldholzordnung von 1830/32 §§ 2 und 40).
- Diese vorgenannte Rechtslage trifft mit Sicherheit nicht nur auf die zum Waldholz gehörenden Grundstücke, sondern auf die gesamte Exklave zu. Sie erklärt wie die Enklave entstanden ist. Die nicht zum Waldholz gehörenden reinen privaten Grundstücke können in der Exklave demnach auch erst nach 1806 entstanden sein, wie und warum auch immer. Diese Frage konnte ich nicht klären, dazu müssten die Grundbuchakten der Betroffenen Auskunft geben.

Trotz vielfältiger Bemühungen ist mir bisher keine Urkunde, Lehnsbrief oder ein sonstiges Dokument bekannt geworden, dass die Belehnung (empfang des Lehens) der Waldholzdörfer beinhaltet. Dass es sich jedoch beim Waldholz um ehemaliges Reichslehn handelt ist unstrittig. Belegt ist außerdem, dass das Waldholz in der jetzigen Form und Umfang, mit seinen gemeinschaftlichen Nutzungsrechten schon seit sehr langer Zeit vermutlich schon seit über eintausend Jahren existiert. Es ist nicht undenkbar, dass sogar ein Zusammenhang mit der Schenkung der frommen Citkume an das Kloster Fulda besteht (siehe oben, Ersterwähnung des Ortes Willingen). Über die damals schenkende Citkume, sowie über deren Familie ist leider nicht viel bekannt: außer, dass sie Nonne war und sie hatte hier in unserer Gegend offensichtlich größeren eigenen Landbesitz (in Elxleben und Willingen schenkte sie dem Heiligen Bonifatius zwei Landgüter samt den Unfreien und Ihren Nachkommen). Eventuell hatte die Familie auch die Reichslehen an der oberen Wipfra inne. Ebenso ist nicht auszuschließen, dass ein Zusammenhang dieser Familie mit den Sizzonen bzw. den Käfernburgern bestand. Dafür gibt es allerdings keinerlei Beweise. Das Waldholz stellt aber auf jeden Fall, da es ehemaliges Reichslehen ist, sowie wegen seinen seit Jahrhunderten überlieferten und praktizierten gemeinschaftlichen Nutzungsrechten, gegenüber anderen *„altrechtlichen Waldgenossenschaften"* etwas ganz Besonderes dar. Nur der rechtliche Status, des Reichslehens, schütze das Waldholz vor dem Zugriff des niederen Adels und erhielt es somit den Waldholzdörfern über die Jahrhunderte.

2.1. Urkunden und Archivalien über das Waldholz

1568 „Zeugenverhör in Sachen Hans von Griesheim wieder die Gemeinde Willingen wegen Hut und Trift“
** ThStA Rudolstadt, Kanzlei Arnstadt, Gr. VI – XII, Nr. 2077*

1571 „Streit und Prozess über Hut- und Triftrecht im Waldholz“
** ThStA Gotha, Geheimes Archiv, Akte H. H. II f 2*

1578 – 1585 „Klage und Prozess der von Griesheim gegen die Bauern zu Willingen wegen Störung ihres Triftrechts im Waldholz“
** ThStA Rudolstadt, Kanzlei Arnstadt, Gr. VI – XII, Nr. 2079 und 1612*

1597– 1612 „Klagen und Irrungen der Waldholzdörfer Oberwillingen, Behringen, Traßdorf u. Kettmannshausen gegen die Gemeinde Niederwillingen über die Nutzung des Waldholzes“
** ThStA Rudolstadt, Kanzlei Arnstadt XVI 457, Gruppe IV, Nr. 1445 (alte Bestandsbezeichnung)*

1606 – 1652 „Rechtsstreit der Gemeinden Behringen, Traßdorf, Oberwillingen und Kettmannshausen mit der Gemeinde Niederwillingen wegen der Nutzung des Waldholzes“
** ThStA Rudolstadt, Kanzlei Arnstadt, Gr. VI – XII, Nr. 2093*

1615 – 1618 „Prozess der Gemeinde Cottendorf gegen die Gemeinden Oberwillingen, Niederwillingen, Kettmannshausen und Behringen über die Trift im Waldholze“
** ThStA Rudolstadt, Kanzlei Arnstadt, Gr. VI – XII, Nr. 2101, 2102,2103*

1640 – 1657 „Jagen in der Lehmannsbrücke und dem Waldholze“
** ThStA Rudolstadt, Kanzlei Arnstadt, Gr. I –VIII, Nr. 955*

1668 -1671 „die Klage der Waldgenossen Oberwillingen, Behringen, Traßdorf, Kettmannshausen, gegen die Niederwillinger wegen des Waldholzes"
**ThStA Rudolstadt, Kanzlei Arnstadt, Gr. I –VIII, Nr. 963*

1671 – 1685 „die Klage der Waldgenossen Oberwillingen, Behringen, Traßdorf, Kettmannshausen, gegen die Niederwillinger wegen des Waldholzes"
** ThStA Rudolstadt, Kanzlei Arnstadt, Gr. I –VIII, Nr. 964*

1684 „den Streit der Willinger Gemeinde wieder die Schwarzenfelsischen Gutsbeamten zu Bergen wegen Nutzung des Waldholzes und des Willinger Berges"
** ThStA Rudolstadt, Kanzlei Arnstadt, Gr. I –VIII, Nr. 975*

1680 – 1700 „Klagen der von Griesheim gegen die Gemeinde Niederwillingen wegen der Trift im Waldholz und Grenzfragen"
** ThStA Rudolstadt, Kanzlei Arnstadt, Gr. VI – XII,*
Nr. 2183, 2184, 2187, 2188, 2189

1710 – 1714 „Streit über Trift- und Hutangelegenheiten im Waldholz und sonstige Irrungen"
** ThStA Rudolstadt, Kanzlei Arnstadt, Gr. VI – XII,*
Nr. 2204, 2205, 2206, 2207

1695 – 1813 „Einige Gemeindeangelegenheiten in Niederwillingen, Schafpfändungen, Maurerarbeiten beim Kirchenbau, Anleihe der Glocken, Holzverkaufstag, Versteigerung"
** ThStA Rudolstadt, älterer Sondershäuser Bestand,*
Nr. 5-14-1230-09975

1705 – 1810 „einzelne Angelegenheiten der Waldgenossenschaft von Oberwillingen und Niederwillingen, Behringen, Traßdorf und Kettmannshausen"

** ThStA Rudolstadt, älterer Sondershäuser Bestand, Nr. 5-14-1230-09978*

1819 – 1835 „Aufstellung einer neuen Waldordnung für die Waldgenossenschaft der Gemeinde Oberwillingen, Niederwillingen, Behringen, Kettmannshausen und Traßdorf zur besseren Bewirtschaftung des Forstes und Übertragung der Aufsicht dem Oberförster Mönch in Lehmannsbrück"
** ThStA Rudolstadt, Kammerverwaltung Gehren, Nr.5-14-240-110*

1931 – 1942 „Waldgenossenschaft Waldholz in Niederwillingen im Bereich des Thüringischen Forstamtes Heyda (Landkreis Arnstadt)"
** LATh-HStA Weimar, Thüringisches Finanzministerium, Forstabteilung, Forstämter, Thüringisches Forstamt Heyda, Forstaufsichtsbezirk Ilmenau, Archivalien-Signatur: 5921*

1932 – 1949 „Neue Satzung und Mitgliederverzeichnisse der Genossenschaftswaldung Waldholz Niederwillingen"
** ThStA Rudolstadt, 3.33.2.1, Land Thüringen, Thüringisches Finanzministerium, Forstverwaltung, Forstämter, Thüringisches Forstamt Heyda, Archivalien-Signatur: 262*

1933 – 1943 „Holznutzungsnachweis der Genossenschaftswaldung Waldholz Niederwillingen"
** ThStA Rudolstadt, 3.33.2.1, Thüringisches Forstamt Heyda, Archivalien-Signatur: 260*

1933 – 1949 „Wirtschaftsvorschläge und Ausführungsnachweise der Genossenschaftswaldung Niederwillingen"
** ThStA Rudolstadt, 3.33.2.1, Thüringisches Forstamt Heyda, Archivalien-Signatur: 80*

1937 – 1939 „Holzeinschlagsbogen der Gemeindewaldung Niederwillingen“
** ThStA Rudolstadt, 3.33.2.1, Thüringisches Forstamt Heyda, Archivalien-Signatur: 281*

1949 „Übertragung der Forstgeschäfte der Genossenschaftswaldung Niederwillingen (Forstamt Heyda) an das Land Thüringen“
** LATh-HStA Weimar, Thüringisches Finanzministerium, Forstabteilung, Forstämter, Thüringisches Forstamt Heyda, Forstaufsichtsbezirk Ilmenau, Archivalien-Signatur: 4521*

Die oben aufgeführten Archivalien sind meist keine Einzeldokumente, vielmehr beinhalten die einzelnen Archivnummern ein Sammelsurium von Dokumenten, die unter diesen Bezeichnungen und Nummern zusammengefasst und archiviert wurden. Im Staatsarchiv Rudolstadt sind außerdem, unter der Tektonik 16.3. (Grafschaften und Fürstentümer Schwarzburg bis 1920 / Rechnungen / sonstige Rechnungen / Orte / Niederwillingen / Wald- und Gottesholzrechnungen), Jahresrechnungen der Waldholzgenossenschaft, beginnend ab dem Jahr 1579 archiviert. Wegen der Masse dieser Dokumente wurden sie von mir nur schwerpunktmäßig gesichtet. Die in der Zeitfolge letzten Archivalien, das Waldholz betreffend, stammen aus der Nachkriegszeit bis 1949. Besonders fehlen aber Protokolle und Schriftverkehr, der über die Arbeit des Waldholzvorstandes in den 1930-er Jahren Auskunft gibt und Verteilungsunterlagen über die Ernten aus dem Gottesholz und dem Ruthenholz aus dieser Zeit. Über die Zeit der DDR fand ich in den Thüringer Archiven keine Dokumente. Es gibt zwar im Thüringer Hauptstaatsarchiv Weimar einen Bestand „Staatlicher Forstwirtschaftsbetrieb Weimar - Bad Berka“, dieser ist jedoch nicht erschlossen und daher nicht nutzbar. In die noch aktiven Aktenbestände des Grundbuchamtes und anderer Behörden hatte ich keinen Einblick.
Außer den o.g. Archivalien beziehe ich mich in dieser Schrift auf:

- Eine handschriftliche Abschrift der Waldholzordnung von 1830, die ich in alten Akten der ehemaligen Oberförsterei Lehmannsbrück im

Forstamt Gehren fand.

- Auf das Statut von 1873, aus dem im Nachlass meiner Familie. Es liegt als kleines A 6 Büchlein in gedruckter Form vor.
- Die Satzungen von 1936 und 2008, die mir die Waldholzgenossenschaft zur Verfügung stellte.

Aus diesen Dokumenten entstammen die nachfolgenden Kopien.

Alte Schutzhütte im Waldholz, sie wurde auch zu Einlagern von Arbeitsgeräten und Wildfutter für Notzeiten genutzt

Foto Jürgen Langbein 2017

3. Die Waldholzsage

Die Waldholzsage wurde in unseren Dörfern über viele Jahre mündlich von Generation zu Generation überliefert. Erst der Lehrer Richard Schröter hat sie für die Nachwelt aufgeschrieben. Seine Aufzeichnung lautet: *„Auf Schloss Elgersburg soll einmal ein Graf gelebt haben, dessen einziges Töchterchen eines morgens in den hellen Sonnenschein hinauslief, während die Eltern abwesend waren. Auch niemand anderes hatte auf das Kind Acht gegeben, noch nicht einmal die Wärterin, der das Kind anvertraut war. Als die Eltern zurückkehrten, fanden sie das Kind nicht vor. Sehr bestürzt darüber, ließen sie alle erreichbaren Dörfer aufbieten, das Kind zu suchen. Sie versprachen reichen Lohn dem, der es Ihnen zurückbrachte. Die Suche war zunächst ohne Erfolg, so dass die Eltern schon alle Hoffnung aufgaben. Endlich nach einigen Tagen wurde dem Grafen gemeldet, dass Leute aus den fünf Dörfern Nieder- und Oberwillingen, Behringen, Traßdorf und Kettmannshausen mitten im Wald ein kleines Mädchen völlig erschöpft gefunden und bei guten Leuten untergebracht hatten. Sofort wurden Pferde gesattelt und Graf und Gräfin ritten los. Groß war die Freude, als sie in dem Findling ihr Kind erkannten. Zum Dank für die Hilfeleistung schenkte der Graf den fünf Gemeinden den Wald, in dem man das Kind aufgefunden hatte. Er bestimmte, dass alle Ortsnachbarn der fünf Orte an der Nutzung des sogenannten Waldholzes teilhaben sollten. Wann diese Schenkung erfolgte, weiß heute niemand mehr.“*

Mir ist die Sage aus mündlicher Überlieferung von meinen Großeltern, sowie in der schriftlichen Form von Richard Schröter bekannt. Beide Varianten, die mündliche und die schriftliche, unterscheiden sich in ihrem Wesen nur geringfügig. In der mündlichen Überlieferung meiner Großeltern war allerdings nicht vom Schloss Elgersburg die Rede, sondern nur von einem Grafen. Im Weiteren wurde auch nicht von einem Töchterchen gesprochen, sondern nur von dessen Kind oder Kindern. Das Kind hatte sich bei einem Ausflug mit den Eltern im Wald verirrt und konnte von den Eltern trotz längerer Suche nicht wieder aufgefunden werden. Alle anderen Teile der Geschichte, die gemeinsame erfolgreiche Suche durch die

Bewohner der Orte und insbesondere die Schenkung an die sogenannten „Waldholzdörfer" die sich an der erfolgreichen Suche nach dem Kind beteiligt hatten, sowie die Bestimmungen über die gemeinsamen Nutzungsrechte, sind identisch. Richard Schröter, der eine dichterische Ader hatte, hat es vielleicht auch etwas ausgeschmückt. Es stellt sich also die Frage, welche Wahrheiten stecken hinter dieser Sage?

Foto Jürgen Langbein 2017

4. Die Waldholzdörfer

Laut dem bereits o.g. Schreiben der Gemeinde Niederwillingen vom 7. Juni 1578, in dem es um die Nutzungsrechte der einzelnen Orte des Waldholzes ging s.o., gehörten zu dieser Zeit die Orte: *„Niederwillingen, Oberwillingen, Behringen, Kettmannshausen, danach Traßdorf, Oberbehringen, zuletzt Breitenherda*“ zu den Waldholzdörfern. Nach diesem Schreiben ist dies auch die Reihenfolge in der diese Nutzungsrechte wahrzunehmen waren.

**vergl. ThStA Rudolstadt, Kanzlei Arnstadt, Gr. VI –XII, Nr. 2079, Blatt 1 Rückseite*

Die vermutlich tausendjährige Geschichte des Waldholzes ist untrennbar mit der Geschichte dieser Dörfer und der Urpfarrei Oberwillingen verbunden, denn die Waldholzdörfer, wie auch die Urpfarrei im besonderen Masse, zogen aus dem Waldholz erheblichen Nutzen gegenüber anderen Dorfschaften die keine Beteiligungen am Waldholz hatten. Die Namensbezeichnung „Gottesholz“ kommt sicher nicht von ungefähr. Sie weist darauf hin, dass es kirchlichen Zwecken gewidmet ist oder war, bzw. die Kirche besondere Rechte am Gottesholz hat (siehe *„Das Gottesholz“*). Die Parochie war in der Vergangenheit der Hauptnutznießer des Gottesholzholzes. Nachweislich bezog sie unentgeltlich das Holz für den Bau und die Reparatur ihrer Kirchen, sowie der Gebäude und Anlagen der Pfarrei (siehe Ordnungen / Statuten u. Gottesholzrechnungen). Für die o.g. Waldholzdörfer ist außer bei den Orten Traßdorf und Breitenherda eine Zugehörigkeit zur Urpfarrei Oberwillingen bezeugt (siehe oben „Die Parochie Oberwillingen im Mittelalter“). Es ist aber nicht auszuschließen, dass diese beiden Orte wegen ihrer territorialen Lage (unmittelbare Nachbarorte der Parochialorte) in der frühen Phase der Christianisierung ebenfalls Parochialorte der Urpfarrei Willingen waren. Die Orte Oberbehringen und Breitenherda sind untergegangen und existieren nicht mehr. Heute gehören zu den begünstigten Waldholzdörfern noch die Orte:

- **Niederwillingen**
  Der Ort nimmt innerhalb der Waldholzdörfer eine besondere Stellung ein. Niederwilligen ist der größte Ort der Waldholzdörfer. Der Niederwilliger Gemeinde (Schultheiß und Heimbürge) oblag schon seit bekannter Zeit die Verwaltung des Waldholzes. In den bekannten Ordnungen und Statuten wird der Ort bezüglich der Nutzungsrechte hervorgehoben.
- **Oberwillingen**
  Oberwillingen ist der ältere Ort der „Willingendörfer". Der Ort zählt zu den ältesten Orten der Region und wurde als Willingen zwischen 821 und 842 erstmals urkundlich erwähnt. Die Scheidung (Trennung) der Orte erfolgte wahrscheinlich zwischen 10. und 12. Jh. N.Chr., das ist von Bedeutung zur Bestimmung des Alters des Waldholzes.
- **Behringen**
  Behringen wurde erstmals zwischen 780 und 817 urkundlich erwähnt. Es gab früher zwei Orte. Der Ort **Oberbehringen** lag westlich des jetzigen Ortes Behringen in der Nähe der heutigen Brücke der A 71 über die Wipfra auf den Hügel vor dem Webstal. Beim Autobahnbau wurden Siedlungsreste freigelegt und dokumentiert (siehe Anhang). Die Mühle in Oberbehringen wurde 1280 in einer Urkunde im Besitz der „Älteren Herrn Grafen von Käfernburg" belegt. Letztmalig wurde der Ort Oberbehringen urkundlich um 1490 erwähnt.
- **Kettmannshausen**
  Kettmannshausen wurde urkundlich 1450 erstmalig erwähnt, ist aber mit Sicherheit wesentlich älter. Dem Namen nach ist der Ort Kettmannshausen eine fränkische Gründung. Vermutlich zwischen 7. Und 9. Jahrhundert. Der Ort war früher, wie alle hier aufgeführten Orte, Käfernburger Besitz. Nach dem Aussterben der Käfernburger Grafenfamilie im Jahre 1385 kam deren Landbesitz an die Thüringer Landgrafen und Kettmannshausen blieb bis ins 20. Jh. Sachsen - Gothaische Exklave in Mitten des Schwarzburgischen Besitzes.

- **Traßdorf**

  Der Ort Traßdorf ist das einzige der Waldholzdörfer, dessen Flur unmittelbar an das Waldholz angrenzt. Traßdorf wurde im Jahre 1089 erstmals urkundlich erwähnt. Der Ort war früher ebenfalls Käfernburger Besitz s.o. und wurde erst später zum Hennebergischen Besitz. Er gehörte zum Hennebergischen Burggut Elgersburg. Von 1437 bis 1802 waren die Herren von Witzleben deren Besitzer, die die Burg sowie die dazugehörigen Dörfer im Jahre 1802 an die Wettiner (Herzöge von Sachsen - Gotha) verkauften.

- **Roda / Breitenherda**

  Der Ort Roda hat keine Nutzungsrechte am Gottesholz und taucht in alten Dokumenten das Waldholz betreffend nicht auf. Vermutlich stammen die Anteile der einzelnen Einwohner des Ortes Roda am Ruthenholz, aus dem untergegangenen Ort Breitenherda. Das wäre zumindest eine plausible Erklärung, wie die 4 Rodaer Einwohner zu dem Ruthenanteilen kamen. Gleichzeitig wäre das ein Hinweis darauf, dass es das Ruthenholz schon zu dieser Zeit als der Ort Breitenherda noch existierte schon gab. Der untergegangene Ort Breitenherda (auch Breitenherde genannt) lag zwischen Roda und Branchewinda, dessen Flur grenzte an die Flur Behringen an. Die Breitenherdaer Flur ist im Wesentlichen in den Fluren von Branchewinda und Roda aufgegangen. An den untergegangenen Ort, der u.a. in alten Urkunden auch als „*Breitinherde by Branchewyndin*“ bezeichnet wurde, erinnern heute noch Flurnamen wie: Breitenherdaer Holz, Breitenherdaer Wiese, Breitenherdaer Spitze und Hofstättchen.

  **vergl. F. T. H. Apfelstedt II, S. 81 und*
  K-H Schinckel S. 30, 112 ff

5. Die Nutzung und die Verwaltung des Waldholzes

Das Waldholz wurde in der Vergangenheit immer wirtschaftlich genutzt. Die Nutzung erfolgte über viele Jahrhunderte auf der Grundlage bestimmter Rechte. Diese Rechte beruhten auf Observanz (altes Herkommen und Brauch) und Revers (Verpflichtungserklärung), sowie dazu getroffenen hoheitlichen Entscheidungen. Eine solche Sammlung von Observanzen existiert heute noch in den Archiven der ev. Kirche. Das geht aus einem Schreiben des Vorstandes Kreiskirchenamtes Gotha vom 23.11.1990 an den Gemeindekirchenrat Niederwillingen hervor. Die vorgefundenen Archivalien belegen, dass das Waldholz und dessen gemeinsame Nutzung oftmals Begehrlichkeiten von nichtbeteiligten Nachbarn weckten. Über viele Jahrhunderte wurde es zum Zankapfel mit den an das Waldholz angrenzenden Nachbarorten, die keine Ansprüche auf das Waldholz hatten. Eine Ausnahme bildet der Ort Bücheloh, dessen Genossenschaftswald unmittelbar an das Waldholz angrenzt, hier sind keine Streitigkeiten belegt. Rechtsstreitigkeiten sind hauptsächlich mit den Herren von Witzleben zu Elgersburg, denen die Orte Cottendorf und Neuroda gehörten, sowie den Herren und Verwaltern der Rittergüter von Behringen und Griesheim belegt. Dazu gibt es über die Jahrhunderte umfangreiche Archivalien. Aber auch zwischen den zum Waldholz gehörenden Dörfern / Gemeinden gab es in der Vergangenheit oft Unstimmigkeiten und Reibereien. Gegenstand dieser Reibereien war der Umgang mit den Erträgen aus dem Waldholz und die auf dem Waldholz ruhenden Rechte der einzelnen Orte. Mit dem Vertrag vom 08.07.1597 und hoheitlichen Entscheidungen von 1606 und 1611 über dessen Rechtsgültigkeit, sowie einen dazu am 01.04.1612 geschlossenen Vergleich der Waldholzdörfer, wurden erste Rechtsgrundlagen über die Nutzung des Waldholzes schriftlich festgehalten.
Um die o.g. Irrungen und Rechtsstreite um das Waldholz zu beseitigen wurden später immer konkreter werdende Regelungen von den Behörden erlassenen, und in Ordnungen, Statuten und Satzungen festgeschrieben. Bekannt sind folgende:

- Vertrag von 1597; **ThStA Rudolstadt, Kanzlei Arnstadt XVI 457, Gruppe IV 1445 (alte Bestandsbezeichnung), Thüringer Forstamt Heyda, Nr. 262, Gutachten u. Anlagen*
- Vergleich der Waldholzdörfer Oberwillingen, Behringen, Draßdorff und Kettmannshausen mit der beklagten Gemeinde Niederwillingen vor den Gräflich Schwarzburgische verordneten Räthe zu Arnstadt von 1612; **ThStA Rudolstadt, Kanzlei Arnstadt XVI 457, Gruppe IV 1445 (alte Bestandsbezeichnung); Thüringer Forstamt Heyda, Nr. 262, Gutachten u. Anlagen*
- Berichtigte Waldholzordnung von 1830/32; **ThStA Rudolstadt, 5-14-2420, Archivalien-Signatur: 110*
- Statut vom 30.06.1873; **ThStA Rudolstadt, Thüringisches Forstamt Heyda, Archivalien-Signatur 262*
- Satzung vom 26.02.1936; **ThStA Rudolstadt, Thüringisches Forstamt Heyda, Archivalien-Signatur 262*
- *Satzung vom 26.09.2008, Vereinbarung zwischen den Gemeinden Ilmtal und Wipfratal vom 26.09.2008*

Diese Dokumente, sowie ein Rechtsgutachten, dass die Waldholzgenossenschaft in Auftrag gegeben hat um ihrer Auflösung im Jahre 1949 per Gesetz zu entgehen, bilden die Grundlage meiner weiteren Ausführungen. Das Gutachten trägt die Überschrift: *„über die Auswirkung des Gesetzes vom 29.05.1947 auf die Waldgenossenschaft Niederwillingen, sowie die Nutzung des Ruthenholzes“.* Ich fand es bei meinen Recherchen in den Archivalien des ThStA Rudolstadt, Thüringer Forstamt Heyda, Archivalien-Signatur 262. Leider fehlt auf dem Dokument jegliche Angabe zu dem Verfasser und es enthält auch kein Datum. Aus dem Text ist jedoch zu entnehmen, dass es zwischen 1948 und 1949 entstanden sein muss. Verwirrend sind auch die in den verschiedenen Dokumenten vorgefundenen verschiedenen Bezeichnungen für die offensichtlich gleiche Sache. So wurde das Willinger Waldholz als z.B. als „Waldholz, Gewaldholz, Gotteswald, Gottesholz, Schwarzholz“ bezeichnet. Folgt man dem o.g. Gutachten ist aber immer das Waldholz als Ganzes damit gemeint. Dem stimme ich nicht ganz zu, ich glaube eher, dass damit nur der Bestandteil

Gottesholz gemeint war (siehe unten das Ruthenholz). Für das Ruthenholz tauchen die Bezeichnungen „Birkenbusch, Birk und Busch“ auf. Die Anteilsberechtigten am Ruthenholz werden einmal als „Teilhaber am Birkenbusch, Anteilsberechtigte, dann als Anteilinhaber, als Anteilbesitzer und als Mitglieder am Ruthenholz“ bezeichnet. Bei den letztgenannten handelt es eigentlich um Begriffe deren Rechtsgehalt unterschiedlich definiert ist. Es müsste also rechtliche Veränderungen, z.T. in sehr kurzer Zeit gegeben haben, die sich aber aus der vorhandenen Aktenlage nicht nachvollziehen lassen. Oder man verwendete diese Begriffe, was das Waldholzdirektorium betrifft, nach Gutdünken. Das hätte aber wiederum den Aufsichtsbehörden auffallen müssen. Wobei die ersten bekannten Ordnungen von 1830/32 sowie auch das Statut von 1873 nicht vom Waldholzdirektorium, sondern nachweislich von den Behörden (Konsistorium u. Forstamt) aufgestellt wurden. Die Bestandteile des Waldholzes, das Gottesholz und der Birkenbusch (Ruthenholz), wurden trotz der unterschiedlichen Rechtsverhältnisse, Berechtigungen und Nutzungsrechte, die sich auch in den getrennten Grundbuchblättern wiederspiegeln, in den überlieferten Unterlagen immer als Ganzes betrachtet und gemeinsam durch das Waldholzdirektorium (Waldholzvorstrand) verwaltet und bewirtschaftet. Der § 19 der Waldholzordnung von 1830/32 bestimmte dazu: *„Die Direktion hat über die Einhaltung der Gerechtigkeit (der überlieferten Rechte) des Waldes über die Sicherung seiner Grenzen über die kultur- und forstmäßige Bewirtschaftung desselben im Allgemeinen zu sorgen.“* Ich gehe davon aus, dass diese gemeinsame Verwaltung und Bewirtschaftung auf das Lehen zurückzuführen ist. Die Verwaltung des Waldholzes oblag schon in früher Zeit der Gemeinde Niederwillingen. Erstmalig ist dies in den Urkunden des bereits aufgeführten Vertrages von 1597 und in dem Vergleich von 1612 belegt. Schon zeitig wurden Festlegungen getroffen welches Gremium diese Verwaltungsaufgaben zu übernehmen hatte. Ebenso wurden schon sehr zeitig Festlegungen über die Entlohnung und Aufwandsentschädigung dieses Gremiums getroffen. Der Gemeinde Niederwillingen wurden dabei bestimmte Vorrechte zugesprochen. Das führte öfter zu Irrungen und Rechtsstreiten. Erst in der Waldholzordnung von 1830/32 wurde die Verwaltung des Waldholzes durch das Direktorium und dessen

Besoldung konkretisiert. Anfangs bestand diese Besoldung ausschließlich in Form von Naturalien, Holz und die Nutzung von 35 Maßsotteln (das Sottel = altes Thüringer landwirtschaftliches Maß, etwa 2 Ruthen breit, die Länge konnte unterschiedlich sein) am Birkenbusch und 20 Maßsotteln am Kaufacker. Dazu muss hinzugefügt werden, dass zu dieser Zeit im Bestandteil Birkenbusch, sowie auch im Kaufacker nicht ausschließlich Wald vorhanden war. Beide beinhalteten auch Wiesen und Weiden, die als solche genutzt und zum Teil auch verpachtet wurden. Offensichtlich gab es auch Flächen darin, die direkt als Acker genutzt wurden.
Später wurden diese Flächen nicht mehr als Besoldung vergeben, sondern es wurde eine Entschädigung von 4 Reichstalern aus dem Birkenbusch und 3 Reichstalern aus den Kaufackern in bar gezahlt. Dazu kam dann noch ein sogenanntes Anweisegeld oder Messgeld, dass pro angemessenen Stamm zu entrichten war. Die Waldholzordnung von 1830/32 bestimmte, dass jede Gemeinde 1 Groschen Anweisegeld pro Stamm, aus dem Gottesholz an die Waldholzkasse zu zahlen hatte. Die Gemeinde Niederwillingen war davon befreit. Aus dem Birkenbusch wurden 2 ½ Groschen Messgeld pro Ruthe durch die Teilhaber fällig (damalige Währung bis 1838 = Taler zu 24 Groschen à 12 Pfennigen). Auch die direkte Entlohnung des Schultheißen und des Holzknechts wurde in den §§ 13, 25, 26 und 27 der Waldholzordnung von 1830/32 geregelt. Diese Waldholzordnung bestimmte auch die Zusammensetzung des Direktoriums, dessen Aufgaben und Berechtigungen. Im Abschnitt „Aufsicht über dasselbe im Allgemeinen“, unter den §§ 18 ff werden diese konkret beschrieben. Demnach bestand das Waldholzdirektorium aus dem Schultheiß von Niederwillingen (Direktor) und den Schultheißen der anderen Waldholzgemeinden. Die Bestimmungen über die Verwaltung der Waldholzkasse beinhalten die §§ 36 bis 41. Als Waldholzheimbürge wurde der Heimbürge von Niederwillingen bestimmt. Später wurde er durch das Direktorium für 6 Jahre gewählt, musste aber im Ort Niederwillingen ansässig sein. Beide, Waldholzdirektor und Waldholzheimbürge wurden durch das fürstliche Konsistorium verpflichtet. Aus den vorgefunden Archivalien geht hervor, dass über die beiden Bestandteile Gottesholz (=Waldholzkasse) und Ruthenholz getrennte Kassen und Rechnungen geführt wurden.

Der § 26 der Waldholzordnung von 1830/32 bestimmt dazu: *„... Der Ertrag von dem übrigen Kaufackern kommt sämtlichen Teilhabern des Busches por rata (nach Anteilen) zugute, und ist mit dem übrigen Busche zu verteilen, da die Waldholzkasse so wenig einen Anspruch auf das Einkommen aus dem Birkenbusche zu machen hat, als den Teilhaber dieses Busches ein Recht aus diese Kasse zusteht."*
Im Statut von 1873 wird die Verwaltung des Waldholzes im Abschnitt IV, in den §§ 18 – 24 bestimmt. Wobei diese Bestimmungen im Wesen die Waldholzordnung von 1830/32 widerspiegeln, jedoch konkreter gehalten sind, was im Übrigen auf alle Bestimmungen dieses Statutes zutrifft. Die getrennte Kassen- und Buchführung regelt der § 22 des Statutes, in dem er bestimmt: *„... Die das Ruthenholz betreffenden Einnahmen und Ausgaben werden in einer besonderen, von der Rechnung über das Gottesholz getrennten Rechnung aufgestellt."*

Blick vom Sandbergtunnel auf die ICE Strecke durchs Waldholz

Foto Jürgen Langbein 2017

Über viele Jahrhunderte stand bei der wirtschaftlichen Nutzung des Waldholzes die Gewinnung von Bau- und Brennholz, die Waldweide für das

Vieh und die Gewinnung von Waldnebenprodukten (Heide- und Beerenkraut, Moos und abgefallene Nadeln), im Mittelpunkt. Die Waldprodukte wurden dabei unentgeltlich an die Berechtigten abgebeben bzw. beim Ruthenholz nach Anteilen verteilt. Die Kirche und auch die Gemeinden bezogen dabei insbesondere ihr benötigtes Bauholz für genau bestimmte Objekte unentgeltlich aus dem Gottesholz. Das Waldholz stand dabei zumindest seit 1821 unter Aufsicht der zuständigen Forstbehörden (siehe Akten des Forstamtes Heyda). Getrennte Forsteinrichtungen und Nutzungspläne, die durch die zuständigeren Förster (Forstämter) erarbeitet wurden, sind für das Gottesholz und für das Ruthenholz bis in die 1940er Jahre belegt. Nach einer Waldbestandkarte aus dem Jahre 1938 war das Waldholz damals forstmäßig in 11 Abteilungen gegliedert (siehe unten). Im 20. Jahrhundert kam neben der Gewinnung von Holz, die Gewinnung von Sand hinzu und erreichte in den 90er Jahren des 20. Jahrhunderts ihren Höhepunkt. Der geologische Untergrund des Waldholzes besteht aus Unterem und Mittleren Bundsandstein. Das Waldholz gehört geologisch zum sogenannten *„Paulizellaer Vorland“*, auch *„Paulinzellaer Buntsandsteinland“* genannt. Auf dem Luftbild ist die im Gottesholz befindliche Sandgrube in ihren Dimensionen noch gut zu erkennen. Sand wird inzwischen nicht mehr abgebaut. Z.Zt. wird die Grube verfüllt und ist teilweise schon renaturiert.

Kopie einer Waldbestandskarte von 1938

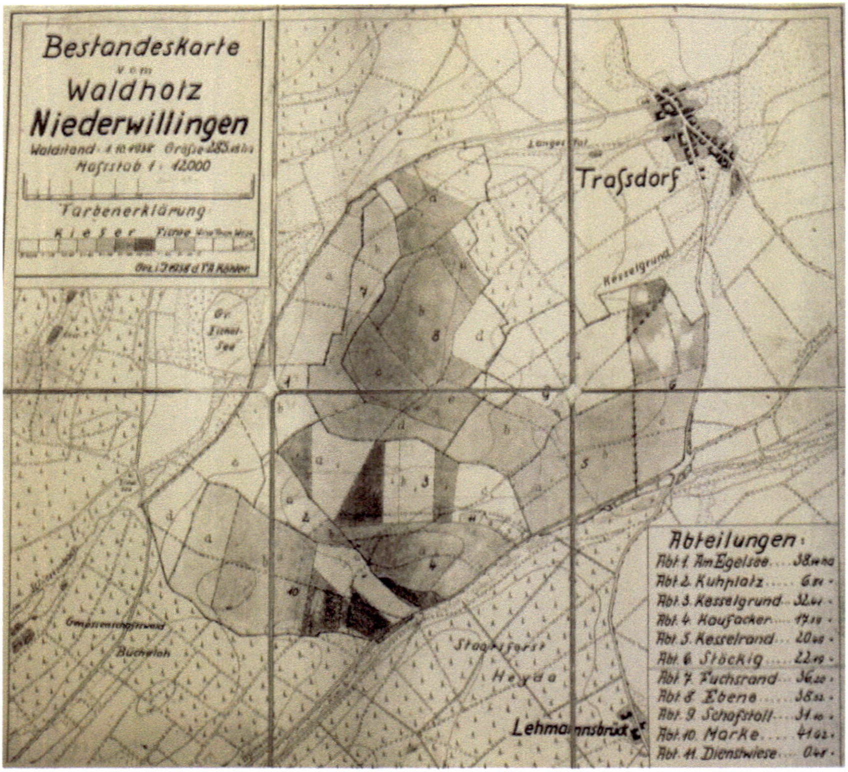

Die Nutzung des Waldholzes durch die Waldholzholzgenossenschaft kam jedoch schon während des 2. Weltkrieges, besonders in den letzten Kriegsjahren, weitgehend zum Erliegen. In der Nachkriegszeit wurde die Nutzung des Waldholzes durch die Waldholzgenossenschaft weiter eingeschränkt. Bereits im Oktober 1945 wurde die zentrale Verwaltung der Forstwirtschaft durch die sowjetische Besatzungsbehörde (SMAD) im Befehl Nr. 97 angeordnet und auch im damaligen Land Thüringen umgesetzt. Mit dem Vertrag zwischen dem Land Thüringen, Ministerium für Versorgung, Hauptabteilung für Forstwirtschaft, vertreten durch das Thüringer Forstamt Heyda, datiert vom 01.04.1949 und genehmigt am 25.04.1949 (noch vor der Gründung der DDR) und der Waldgenossenschaft Niederwillingen vertreten durch den Niederwillinger Bürgermeister Stegmann wurden die Forstmeistergeschäfte und damit die Bewirtschaftung des Waldholzes den Forstbehörden übertragen. Am 14.10.1952 wurden die staatlichen Forstwirtschaftsbetriebe in der DDR gebildet. Die Bewirtschaftung des Waldholzes war nun in der Verantwortung staatlichen Forstwirtschaftsbetriebes Weimar - Bad Berka, wo es bis zum Ende der DDR verblieb. Eine Nutzung und Bewirtschaftung durch die Waldholzgenossenschaft war nicht mehr möglich. Die Erträge bekam der Staat. Die genauen Vorgänge der Verstaatlichung lassen sich aus dem vorgefundenen Archivalien nicht nachvollziehen. Darüber könnten eventuell die Akten des ehemaligen Forstwirtschaftsbetriebes Weimar- Bad Berka Auskunft geben, falls diese erschlossen werden. Damit fand die Waldholzgenossenschaft mit ihren gemeinschaftlichen Nutzungsrechten ihr vorläufiges Ende, obwohl das im Auftrage der Waldholzgenossenschaft erstellte Gutachten zu einem anderen Schluss kam.

**vergl. LATh-HStA Weimar, Land Thüringen, Thüringisches Finanzministerium, Nr. 4521; ThStA Rudolstadt, Thüringer Forstamt Heyda, Nr. 262, Gutachten u. Anlagen*

Nach dem Ende der DDR bildete sich die Waldholzgenossenschaft, wie viele solcher „altrechtlichen Waldgenossenschaften" quasi neu. Die Rückübertragung an die Waldholzgenossenschaft erfolgte im April 1991 (siehe Vermerk im Grundbuch).

Foto Jürgen Langbein 2017

6. Die Bestandteile des Waldholzes und deren unterschiedliche Rechtsverhältnisse

Unstrittig ist die rechtliche Herkunft des Waldholzes als kaiserliches Lehen (siehe oben). Es ist nicht aus der gemeinen Mark, Markgenossenschaft oder der Allmende hervorgegangen. Alleine dieser Fakt stellt eine große Ausnahme dar. Denn es war eigentlich unüblich das Reichlehen an Dorfschaften vergeben wurden. In der Regel belehnte der König oder Kaiser damit den Adel, meist auch nur den höheren Adel. Ich gehe deshalb auch davon aus, dass es vermutlich als Afterlehen weiter vergeben wurde. Seit Jahrhunderten besteht das Waldholz aus den beiden Bestandteilen:

- Gottesholz (auch Schwarzholz genannt) und
- Birkenbusch (später Ruthenholz genannt).

Beide Bestandteile beruhen auf unterschiedlichen, auf Observanz (altes Herkommen und Brauch) und Revers (Verpflichtungserklärung), sowie dazu getroffenen hoheitlichen Entscheidungen, Eigentums- und Nutzungsrechten. Im Einzelnen werden diese in den weiteren Punkten beschrieben. Wegen der Komplexität dieser Rechtsverhältnisse behandele ich im Folgenden die beiden Bestandteile, Gottesholz und Ruthenholz, getrennt. Um Unstimmigkeiten und Irrungen in Eigentumsverhältnissen an Grund und Boden zu beseitigen wurde nach dem Dreißigjährigen Krieg auch in den Thüringer Fürsten- und Herzogtümern damit begonnen das Amtsbuchwesen einzuführen, in dem alle Grundstückeigentumsfragen und deren Veränderungen vermerkt wurden. Daraus gingen dann die Grundbücher hervor, in denen der Rechtsgrundsatz der Fortschreibungspflicht besteht. So lassen sich z.B. Eigentumswechsel, Grundstückszusammenlegungen, Teilungen etc. nachvollziehen. Zur Verbesserung der Steuergerechtigkeit wurden später die in den Grundbüchern eingetragenen Grundstücke in sogenannte Steuerkataster übertragen, deren Einführung auf Napoleon zurückzuführen ist (eine Art doppelter Buchführung). In Deutschland war Preußen der Vorreiter und führte als erster Staat solche Kataster ein (Freiherr von Stein, Hardenberg). Das Einführen der Kataster setzte Vermessungen und Abmarkung (Parzellierung) der jeweiligen Grundstücke voraus. Die vom Fiskus erhobenen Grundsteuern waren von da ab aus einem Wert, der pro Grundstück, dessen festgestellter Größe, der Bodenbeschaffenheit, dessen Ergiebigkeit, dem geschätzten Ertrag und der ev. Bebauung, errechneten Steuerklasse, zu entrichten. Das Waldholz wurde in der Vergangenheit mehrfach vermessen, versteinigt und kartiert. Ich gehe nach Auswertung der mir bekannt gewordenen historischen Dokumente davon aus, dass die beiden Bestandteile, Gottesholz und Birkenbusch (Ruthenholz), früher als flächenmäßig gleich große Teile angesehen wurden. Erst später, durch die genauer werdenden Messmethoden, sowie durch Zu- und Abmessungen, bildeten sich die Größenunterschiede und damit ein Übermaß für den Birkenbusch heraus. Es ist jedoch auch möglich, dass sich die Größenunterschiede aus dem früher gebräuchlichen Namen „Schwarzholz“ für das Gottesholz und Birkenbusch für das Ruthenholz erklären lassen. Schwarzholz, die Bezeichnung für einen Wald bestehend aus Nadelholz (Fichte u. Kiefer), wurde von der Wertigkeit her höher eingestuft als Buschholz (Birke, Erle usw.). In früheren Dokumenten taucht auch nur die Bezeichnung Busch für den Birkenbusch auf. Vieleicht war es früher auch tatsächlich nur buschiges Gelände und gar kein echter Wald, Wiesen und Weiden sind im Birkenbusch bezeugt. Auch die intensive Behütung ist bezeugt, so dass es durchaus möglich ist, dass man mit dem Größenunterschied eine Art von Wertausglich schaffen wollte. Belegt ist das jedoch nicht.

**vergl. u.a. Waldholzordnung von 1830/32 § 13, ThStA Rudolstadt, 3.33.2.1, Thüringisches Forstamt Heyda, Archivalien-Signatur: 262, Gutachten S. 15/16*

Bekannt sind die Vermessungen von, März 1829, die im Jahre 1824 in Auftrag gegeben wurde und vom Anfang der 1870er Jahre, auf die ich mich im Weiteren beziehe. Bei der Vermessung im Jahre 1829 wurde laut Waldholzordnung § 1 von 1830/32 die 14-schuhige Ruthe zugrunde gelegt. Das metrische System gab es zu dieser Zeit in Thüringen noch nicht, es wurde erst per Gesetz am 01.01.1872 (Maß- und Gewichtsordnung des Deutschen Reiches) eingeführt. Bis dahin galten hunderte verschiedene Maße und Maßeinheiten, die selbst bei gleicher Bezeichnung oftmals unterschiedlich ausfielen. So hatte die *„Arnstädter Ruthe“* ein Maß von 3,96466 m und beinhaltete 14 Fuß (für Fuß und Schuh wurde oft das gleiche Maß angesetzt). Die 14-schuhige *„Arnstädter Quadratruthe“* entsprach 15,662 m². Die *„Weimarer Ruthe“* dagegen entsprach 4,51 m und die *„Preußische Ruthe“* 3,7662 m. Selbst in Nachbarorten gab es oft andere Maße oder die Maßbezeichnungen wurden anders ausgelegt, was ein heilloses Durcheinander zur Folge hatte. Erst durch die Einführung des metrischen Systems wurde dieses Durcheinander beendet. Die Vermessung von 1829 wurde in ein Vermessungsregister folgenden Inhalts eingetragen:

- Birkenbusch 503 Acker 140 Quadratruthen (der „Schwarzburger Acker“, ein Flächenmaß, entsprach 180 Quadratruthen)
- Nadelholz 500 Acker 35 Quadratruthen
- Wege 14 Acker 89 Quadratruthen
- Wiesen 6 Acker 2 Quadratruthen
- Sumpfflecken 14 Acker 77 Quadratruthen
- Privatwald 21 Acker 48 Quadratruthen (gemeint sind die nicht zum Waldholz gehörenden Grundstücke)

Der gesamte Flächeninhalt betrug somit 1150 Acker und 71 Quadratruthen.

**vergl. Waldholzordnung 1830/32 § 1*

Foto Jürgen Langbein 2017

Nach dieser Vermessung taucht in den Archivalien die Bezeichnung *„Ruthenholz“* für den Birkenbusch auf. Bei der ersten Vermessung nach dem metrischen System, die durch die „Königlich-Preußische Landesaufnahme“ (einer Preußischen Vermessungsbehörde) ab 1850 in den Thüringer Fürsten- und Herzogtümern durchgeführt wurde, ist auch das Waldholz neu vermessen wurden. Diese Vermessung war nach heutigen Maßstäben erstaunlich genau. Bei der Vermessung wurde eine Gesamtfläche von 285 ha und 27 a festgestellt. Dabei entfielen auf:

- das Gottesholz 137 ha und 55a (heute 137,8101 ha).
  Dem Gottesholz wurde damals im Grundbuch von Niederwillingen, Band I, das Blatt 10, mit Verweis auf die Artikelnummer 23, der Mutterrolle, zugeordnet. Darin sind die Flurstücke der Flur 12, Nr. 1133 = 0,3915 ha und Nr. 1136 = 137,4186 ha verzeichnet. Als Eigentümer des Gottesholzes wurde in den alten Grundbuchakten, bis einschließlich 1949, *„die Waldholzgemeinde in Niederwillingen“* aufgeführt, ebenso in der Mutterrolle, Band I, Artikel 23 von Niederwillingen. Das ist ein Wiederspruch zum Statut von

1873. Nach dem Statut von 1873 § 2, steht das Eigentum am Waldholze *„der juristischen Persönlichkeit der Niederwillinger Waldholzgenossenschaft zu, zu welcher die Gemeinden Niederwillingen, Oberwillingen, Behringen, Kettmannshausen und Traßdorf gehören.“*

- und auf das Ruthenholz 147 ha 72 a (heute 147,3508 ha).
  Dem Ruthenholz dagegen wurde im Grundbuch von Niederwillingen, Band I, das Blatt 9, mit Verweis auf die Artikelnummer 22, der Mutterrolle zugeordnet. Darin sind die Flurstücke der Flur 12, Nr. 1135 = 105,2382 ha, Nr. 1137 = 41,6289 ha und Nr. 1138 = 0,4837 ha verzeichnet. Als Eigentümer des Ruthenholzes werden in den alten Grundauszügen noch bis 1949 *„Die Ruthenholzberechtigten“*, genannt. Die Mutterrolle von Niederwillingen Band I, Artikel 22 beschreibt als Eigentümer *„Die Ruthenholzberechtigten in Niederwillingen“*. Das steht im Wiederspruch zum Statut von 1873, da sich der § 2 auf alle im § 1 genannte Grundstücke, also auf das gesamte Waldholz bezieht. (siehe oben). Der sogenannte *„Kaufacker“* wurde bei dieser Vermessung 1871/72 bereits in das Ruthenholz integriert (siehe Waldbestandskarte von 1938, Abt. 4).

**vergl. Waldholzordnung von 1830, § 26; Satzung von 1873, § 17; Mutterrollen, Grundsteuerheberolle Niederwillingen, ThStA Rudolstadt, 5-33-1320, Katasteramt Rudolstadt, Archivalien-Signatur: 155, 574, 1094, 1274, 1095, 1131*

Foto Jürgen Langbein 2017

6.1. Das Gottesholz

Das Gottesholz bildet geografisch den Zentralen Teil des Waldholzes, umgeben vom Ruthenholz. Der Name Gottesholz ist offensichtlich von seinen ursprünglichen Rechts- und Nutzungsverhältnissen abgeleitet. Ich vermute, dass das Gottesholz bei seinem Entstehen ausschließlich der Fürsorge der Kirche unterstand. Einicke beschreibt noch einen zur Pfarrei Willingen gehörenden größeren Waldbesitz (siehe oben „die Pfarrei zu Oberwillingen"). Es ist nicht undenkbar, dass sogar ein Zusammenhang mit der Schenkung der frommen Citkume bzw. deren Familie an das Kloster Fulda besteht (siehe oben Ersterwähnung des Ortes Willingen). Da die damals schenkende hier in unsrer Gegend offensichtlich größeren Grundbesitz hatte oder eventuell das Reichslehen besaß. Dafür gibt es allerdings keinerlei Beweise.
**vergl. G. Einicke, „Zwanzig Jahre Schwarzburische Reformationsgeschichte" Teil 2, Seite 43*
Diese These wird u.a. dadurch belegt, dass das Gottesholz auch in den weiteren Jahrhunderten der Aufsicht und Kontrolle des fürstlichen Konsistoriums zu Arnstadt unterstand, der obersten kirchlichen Aufsichts- und Gerichtsbehörde. Erst nach den verschiedenen Verwaltungsreformen im Fürstentum Schwarzburg-Sondershausen ab 1844 kam das Waldholz unter die Aufsicht der fürstlichen Landräte zu Arnstadt (siehe Statut von 1873).
**vergl. Waldholzordnung von 1830 §§ 4, 15, 16, 35*

Kopie des § 15 der Waldholzordnung von 1830

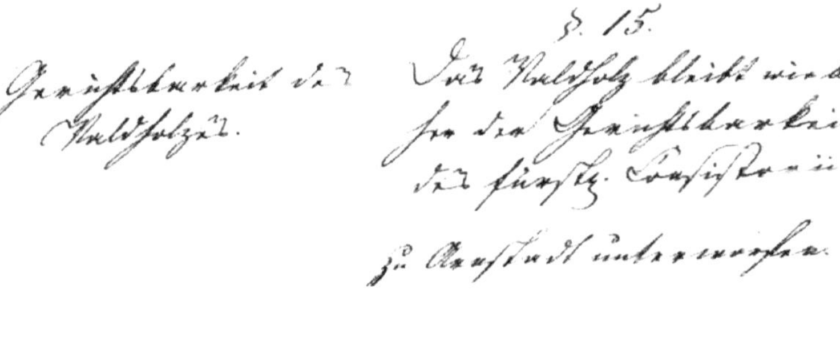
§. 15.
Gerichtbarkeit der Waldhölzer.
Das Waldholz bleibt wie bisher der Gerichtbarkeit des fürstl. Consistorii zu Arnstadt unterworfen.

Während die Gemeinden im Gegensatz dazu damals in ihren Rechts- und Verwaltungsangelegenheiten der fürstlichen Kanzlei, als oberster Justiz- und Verwaltungsbehörde, unterstanden. In finanziellen Angelegenheiten unterstanden die Gemeinden der fürstlichen Kammer, der obersten Finanzbehörde. Das Gottesholz unterstand jedoch auch in seinen Finanzangelegenheiten der Kontrolle des fürstlichen Konsistoriums. Die vom Waldholzdirektorium zu erstellenden Jahresrechnungen mussten dem fürstlichen Konsistorium zur Justifikation (Feststellung der Richtigkeit / Genehmigung) vorlegt werden.

**vergl. Waldholzordnung von 1830 § 37*

Kopie des § 37 der Waldholzordnung von 1830

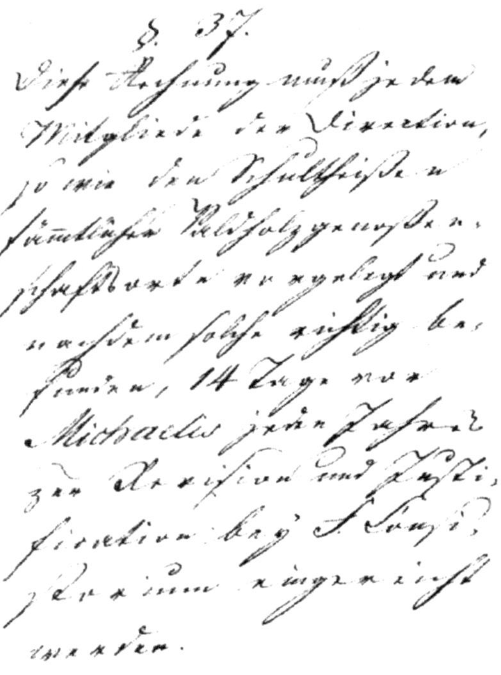

§. 37.
Diese Rechnung muß von den Mitgliedern der Direction, so wie den Schultheißen sämtlicher Waldholzgemeinden unterschrieben vorgelegt und nachdem solche richtig befunden, 14 Tage vor Michaelis jeden Jahres zur Revision und Justification bey f. Consistorium eingereicht werden.

Die ersten dieser Rechnungen wurden als „*Gotteswaldrechnungen*“ der fünf Dörfer, Nieder- und Oberwillingen, Traßdorf, Behringen und Kettmannshausen bezeichnet. Auch diese Bezeichnung als „Gotteswaldrechnungen“ stützen die These vom Zusammenhang mit der Kirche. Die erste im Staatsarchiv Rudolstadt erhaltene Gotteswaldrechnung wurde von dem Waldholzheimbürgen (Rechnungsführer) von Martini 1579 bis Martini 1580 erstellt.
**vergl. ThStA Rudolstadt, Archivalien-Signatur 7809*

Wildbrücke im Waldholz über die Autobahn A 71
auf Grund der massiven Eingriffe in die Natur durch den Autobahn- und ICE Streckenbau und die Beseitigung vieler alter Wildwechsel, war es notwendig Ausgleiche, wie diese Wildbrücke, zu schaffen

Foto Jürgen Langbein 2017

Seit 1579 sind die Rechnungen über den Gotteswald / Gottesholz regelmäßig jährlich belegt. Später wurden die Jahresrechnungen als „Wald-

rechnungen der fünf Dörfer" …, ab 1822 als „Wald- und Gottesholzrechnungen" … und ab 1867 bis 1899 als „Niederwillinger Gottesholzrechnungen" bezeichnet.
Der Vertrag von 1597 bzw. der Vergleich von 1612 bestimmen sinngemäß folgendes:
Die Waldholzdörfer dürfen ihren Bauholzbedarf zur Erhaltung bzw. Erneuerung ihrer Pfarre (Oberwillingen), der Kirchen, der Schulen, der Brau- und Hirtenhäuser, der sonstigen Gemeindehäuser, sowie der Brücken und Stege (sofern diese aufgeführten Gebäude und Anlagen), schon vor diese Zeit vorhanden waren, kostenlos aus dem Waldholz decken.
Ein weiter Punkt bestimmt, dass dieser Bedarf immer vorgeht und Verkäufe von Holz erst nach dessen Deckung erfolgen sollen. Bei Holzverkäufen ist das Holz auch zuerst innerhalb der Waldholzdörfer anzubieten. Erst danach solle es an Fremde gegen gute Bezahlung verkauft werden. Dabei soll keiner Bevorteilt werden, sondern im Beisein aller Waldholzdörfer (gemeint sind die Dorfschulzen, Dorfschöppen und Heimbürgen) treulich berechnet werden. Das Waldholzdirektorium oblag schon vor dieser Zeit unstrittig der Niederwillinger Gemeinde (Dorfschulze und Heimbürgen). Für ihren Aufwand sollte die Gemeinde Niederwillingen entschädigt und ihre Unkosten gedeckt werden.
In der erlassenen Waldholzordnung von 1830/32 werden erstmalig die Nutzungsrechte der beteiligten Gemeinden am Waldholz (Gottesholz) konkret beschrieben, die *„in dem unentgeltlichen Genusse ihres Holzbedarfes zu gewissen ausschließlichen Zwecken"* bestehen (§ 5). Im Detail werden diese ausschließlichen Zwecke in den nachfolgenden §§ 6 – 11 beschrieben. Wobei der § 6 eine konkrete Aufstellung dieser Zwecke für die einzelnen Orte enthält. Die Grundlage dieser Aufführung bildet der Vertrag von 1597 und der Vergleich von 1612. Der Ort Oberwillingen genoss dabei folgende Rechte: *„Anspruch auf die unentgeltliche Verabfolgung des Holzes zur Reparatur, sowie beziehungsweise zum neuen Aufbau seiner Kirche, Schule, Brau- und Hirtenhauses"*. Ähnliche Bestimmungen galten für alle Waldholzdörfer. Außerdem wird im § 7 bestimmt, „Ebenso erhalten sämtliche Waldholzgenossenschaftstorte das Holz zu den bisher in Ihren Fluren und Ortschaften vorhandenen Stege und Brücken …"

Kopie eines Ausschnittes der Waldholzordnung 1830/32, § 6, Oberwillingen

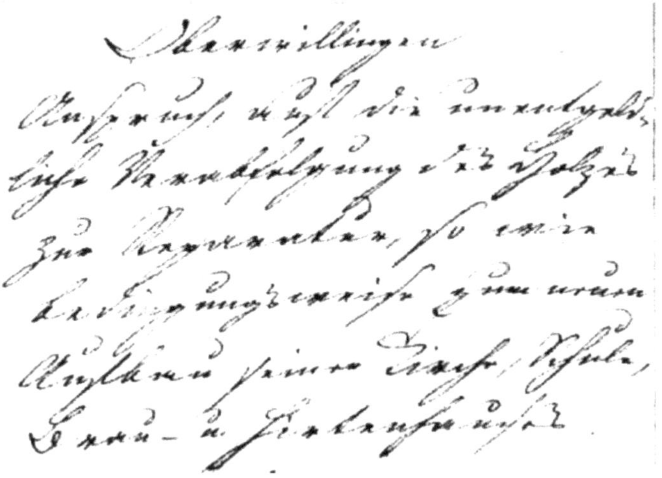

Im Statut von 1873 sind diese Berechtigungen, die die unentgeltliche Holzabgabe zur Erhaltung oder den Neuaufbau speziell aufgeführter Gebäude und Anlagen in den fünf Waldholzgemeinden beinhalten, noch konkreter im § 4 bestimmt. An erster Stelle stehen hierbei immer die Kirchen, einschließlich der Kirchtürme, der einzelnen Orte, außer Behringen (der Ort Behringen hatte früher keine eigene Kirche, sie wurde erst im Jahre 1717 vom damaligen Gutsbesitzers von Thurmschiern erbaut). In Oberwillingen gehörte die Pfarrwohnung sowie alle Gebäude der Pfarrei dazu. Dann folgten die Schulen der Orte, außer Behringen und Traßdorf. Im Weiteren die Gemeindehäuser, die Spritzen- und Leiterhäuser, die Brauhäuser, die Hirtenhäuser, zuletzt die Brücken und Stege über die Wipfra oder sonstige Fließgewässer und Gräben.

**vergl. Waldholzordnung von 1830 §§ 5, 6 u. 7; Statut von 1873, § 4 bis 11*

Kopie eines Ausschnittes des § 4 Abschnitt b des Statutes von 1873

§ 4.

b. Nutzungsrechte am Gottesholze insbesondere.

Aus dem Gottesholze wird zunächst den im § 2 genannten fünf Gemeinden das zur Reparatur der nachstehend verzeichneten Gebäude und Anlagen und zur neuen Herstellung oder Reparatur ihrer Feuerleitern und Feuerhaken erforderliche Holz unentgeltlich verabreicht.

Jene Gebäude sind:

A. In Niederwillingen.

1) die Kirche einschließlich des Kirchhofs und des Thurms,
2) die Pfarrwohnung in Oberwillingen nebst den dazu gehörigen, bereits im Jahre 1844 vorhanden gewesenen Nebengebäuden, nämlich:
   a. einem an das Wohnhaus anstoßenden Schoppen,
   b. einem daran stoßenden Stallgebäude,
   c. vier Schweineställen mit überbautem Dache,
   d. einem Stallgebäude mit Heuboden,
   e. der Scheuer nebst Schafstalle,
   f. dem Wasch- und Backhause;
3) das Schulgebäude in Niederwillingen nebst dessen bereits im Jahre 1844 vorhanden gewesenen Nebengebäuden, nämlich außer dem Schulgebäude mit dem darin befindlichen Stalle:
   a. einem Stallgebäude an der Straße,
   b. drei Schweineställen,
   c. der Scheuer;
4) zwei Spritzenhäuser,
5) zwei Leiterhäuser,
6) ein Brauhaus,
7) ein Darrhaus nebst Darre,
8) das Gemeindehirtenhaus nebst Malztenne,
9) eine steinerne Brücke mitten im Dorfe,
10) eine steinerne Brücke bei dem Brauhause,
11) eine hölzerne Brücke in der Winkelgasse,
12) eine dergl. auf dem Wiesengarten,
13) eine steinerne Brücke am Kohlstege,
14) eine hölzerne Brücke bei der Mühle.
15) ein Steg über die Gänsetränke,
16) eine Brücke über die Ilm oberhalb der Keßler'schen Fabrik.

automatische Wildzählstation an der Wildbrücke über die Autobahn A 71, hier soll das über die Brücke wechselnde Wild gezählt werden um einen Nachweis zu erhalten wie diese Baumaßnahme durch das Wild angenommen wird

Foto Jürgen Langbein 2017

Im Jahre 1932 wurde eine neue Forstordnung erlassen, die zur Folge hatte, dass die alten Statuten der Waldgenossenschaften durch neue Satzungen abgelöst werden mussten. Das Statut der Niederwillinger Waldholzgenossenschaft von 1873 ließ sich aber nicht so einfach in die vorgegebene Mustersatzung übertragen. Mann hatte Probleme mit den Nutzungsrechten am Gottesholz, aber besonders mit denen am Ruthenholz. Die überlieferten Nutzungsrechte fanden in Mustersatzungen keinen Platz. Das Waldholzdirektorium lehnte es daher ab eine neue Satzung zu erstellen und bat um weitere Anerkennung des vorhandenen Statutes. Nach einigem hin und her lehnte das zuständige Finanzministerium jedoch am 06.04.1933 den entsprechenden Antrag, wegen fehlender Begründung ab. Es gab dann durch das Waldholzdirektorium noch einige Versuche der Anordnung zum Aufstellen einer neuen Satzung zu entgehen. Auch ein Gespräch im zuständigen Finanzministerium brachte keinen Erfolg. Das Finanzministerium ordnete schließlich am 11.07.1933 an, je eine Satzung, für das „Schwarzholz“ und für das „Ruthenholz“ zu erstellen. Die Sache zog sich dann noch bis 1936 hin. Wie aus einem Schreiben des Forstamtes Heyda an das Thüringische Finanzministerium vom 05.07.1933 hervorgeht erschien es so gut wie ausgeschlossen, dass die vielen Mitglieder des Schwarz- (5 Gemeinden) und Ruthenholzes (172 überwiegend private Mitglieder) neue Satzungen annehmen werden. Man versuchte sich aus der Sache heraus zu mogeln und erstellte lediglich für den Bestandteil Gottesholz eine neue Satzung Diese Satzung vom 26.02.1936 ist daher gegenüber dem Statut von 1873 nur eine Teilsatzung, in der das Ruthenholz völlig ausgegliedert wurde. In den §§ 1 und 3 dieser Satzung wird das Eigentum dieser Waldgenossenschaft beschrieben. Es bezieht sich auf das Grundbuchblatt 10 der Gemarkung Niederwillingen, in der die zum Gottesholz gehörigen Flurstücke eingetragen sind. Die im § 3 unter VII beschriebene Anlage A beinhaltet den dazugehörigen Grundbuchauszug des damaligen Amtsgerichts Stadtilm dazu (siehe Kopien).

**vergl. LATh-HStA Weimar, Thüringisches Finanzministerium, Thüringisches Forstamt Heyda, Archivalien-Signatur: 5921, 4521;*
ThStA Rudolstadt, 3.33.2.1, Thüringisches Forstamt Heyda, Archivalien-Signatur: 262

Kopie der §§ 1, 3 u. 4 der Satzung vom 1936

§ 1

Gebiet, Name und Sitz der Waldgenossenschaft

I Die ~~Eigentümer der~~
im Grundbuch für **Niederwillingen**
unter ~~Haupt-Nr.~~ **Band I Blatt Nr. 10 eingetragene**

Waldgenossenschaft Niederwillingen

§ 3

Eigentumsverhältnisse

~~I Der Grundbesitz bildet ein einheitliches Ganzes und steht im Miteigentum sämtlicher Mitglieder der Waldgenossenschaft nach Bruchteilen.~~

~~II Es bestehen gleiche Besitzanteile.~~

I. Der im Grundbuch für Niederwillingen unter Band I Blatt Nr. 10 auf den Namen der Waldgenossenschaft Niederwillingen eingetragene Grundbesitz ist deren Eigentum. Er bildet ein einheitliches Ganzes.

II.
a) Die Gemeinden Niederwillingen, Oberwillingen, Behringen, Kettmannshausen und Traßdorf sind die Mitglieder der Waldgenossenschaft.
b) Die Nutzungsrechte werden Anteile genannt.

III ~~Zur Bewertung der Mitgliederrechte wird eine Gesamtsumme von Besitzanteilen zu Grunde gelegt. Der Umfang der einzelnen Mitgliederrechte wird bestimmt nach dem Einfachen oder Mehrfachen der Anteile.~~

IV Eine Zerlegung der einzelnen ~~Besitz~~Anteile ist ~~nur dann~~ unzulässig. ~~wenn die dadurch entstehenden Teile mindestens Anteile umfassen.~~

V Ein Mitglied kann mehrere ~~Besitz~~Anteile haben, auch kann ein Anteil mehreren Personen gemeinsam gehören.

VI Der ~~Besitz~~Anteil eines jeden Mitgliedes ergibt sich aus ~~dem Grundbuch und~~ dem der Satzung angefügten Mitgliederverzeichnis.

VII Ein Auszug aus dem Grundbuch, aus welchem sowohl der Grundbesitz als auch die derzeitigen Eigentümer ~~und deren Anteile~~ zu ersehen sind, ist als Anlage A angefügt.

VIII Auf dem in § 1 bezeichneten Grundbesitz haften ~~keinerlei~~ — z. B. die auf der angefügten Anlage B verzeichneten ~~Lasten und~~ Berechtigungen dritter Personen.

Kopie der Anlage A der Satzung von1936

Anlage A.

Grundbuchauszug des Amtsgerichts Stadtilm.

Grundbuch von Niederwillingen Band I Blatt Nr.10.

Eigentümer:

Die Niederwillinger Waldholzgenossenschaft, nämlich die politischen Gemeinden Niederwillingen, Oberwillingen, Behringen, Kettmannshausen und Traßdorf, welche unter diesem Namen zu einer juristischen Persönlichkeit vereinigt sind,

Abteilung I. Verzeichnis der Grundstücke.

1. Parzelle 24/1a, Wiese, Niederwillinger Waldholz, das sogenannte Gottesholz 0 ha 39 a 15 qm

2 -2d: Gelöscht.

2e. Parzelle 1292/2a etc., Holzung, Niederwillinger Waldholz 137 ha 53 a 26 qm

Abteilung II. Dauernde Lasten und Einschränkungen des Eigentums.

Den Angehörigen der fünf Waldgenossenschaftsgemeinden steht die nach Maßgabe der Bestimmungen des § 8 des Statuts über das Niederwillinger Waldholz vom 14.August 1873 auszuübende Befugnis zu, im Gottesholz Leseholz zu sammeln und Stroh zu holen.

Abteilung III. Hypotheken.Abtretungen.Verpfändungen.

keine.

14. Mai 1935.

(S.) gez. Schenzke.

Die Berechtigungen und Nutzungsrechte der Waldholzgemeinden am Gottesholz werden in der Anlage B dieser Satzung beschrieben und stimmen mit denen des Statutes von 1873 im Wesentlichen überein. Mit dem Inkrafttreten der neuen Satzung wurde das Statut von 1873 im Ganzen außer Kraft gesetzt. Das bedeutet, für den Bestandteil Ruthenholz gab es seither keine Satzung, eine kaum vertretbare rechtliche Konstellation (siehe Ruthenholz). Die Satzung von 1936 wurde nach ihrem Inkrafttreten weder während des dritten Reiches, noch in der Nachkriegszeit geändert oder ergänzt. Sie behielt Gültigkeit bis 2008 (siehe Amtsblatt des Ilm-Kreises Nr. 03/09 „Vereinbarung zwischen den Gemeinden Ilmtal und Wipfratal, Präambel, 2. Satz, „die Waldholzgenossenschaft Niederwillingen bestand bis zum Inkrafttreten der neuen Satzung am 26.09.2008, auf der Grundlage der Satzung vom 26.02.1936 ...“).

Ehemaliges Wirtschaftsgebäude mit Waage am Eingang zur Sandgrube

Foto Jürgen Langbein 2017

6.2. Der Birkenbusch oder das Ruthenholz

Die ältere Bezeichnung für das Ruthenholz ist der Birkenbusch. Der Name Ruthenholz setzte sich erst nach 1830 durch. Er wurde von der alten Längenmaßeinheit, der Ruthe (auch Rute) abgeleitet s.o.

Als erstes möchte ich der Frage nachgehen, wie alt der Bestandteil Ruthenholz ist, bzw. wann und wie er entstanden ist? Bestand das Ruthenholz schon zur Zeit des Vertrages von 1597 bzw. des Vergleiches von 1612. Ich denke die beiden Teile, das Gottesholz und das Ruthenholz bestanden schon von Anfang an, also schon zur Zeit des Vertrages von 1597 bzw. des Vergleichs von 1612 und beide bezogen sich ausschließlich auf das Gottesholz. Der Streit wurde auch nur durch die Gemeinden geführt und Gegenstand waren nur Gemeindegebäude und Anlagen. Private Personen oder Dinge spielten keine Rolle. Wie auch aus anderen Dokumenten hervorgeht, war früher offensichtlich die Bezeichnung „Waldholz“ nur für den Bestandteil Gottesholz üblich.

Biotop im Waldholz nähe Sandgrube

Foto Jürgen Langbein 2017

Mein Hauptargument, das dafürspricht, dass es das Ruthenholz als solches schon seit Jahrhunderten gibt und dass es ebenso alt wie das Gottesholz sein muss, erschließt sich aus der Tatsache, dass es sich bei dem Grund und Boden um ehemaliges Reichslehen handelte. Das bedeutet, dass zur Zeit des Heiligen Römischen Reiches Deutscher Nationen, also bis 1806, Rechtveränderungen so gut wie unmöglich waren. Rechtsveränderungen am Reichslehen hätte immer allerhöchster Zustimmung bedurft und eine Halbierung und die Aufteilung der zweiten Hälfte unter 172 überwiegend private Teilhaber hätte eines speziellen Rechtsaktes bedurft, der auf jeden Fall nach 1612 nachvollziehbar gewesen wäre. Ebenso nach 1806. So umfangreiches Schriftgut (172 Vorgänge über den Eigentumserwerb) wäre in den Archiven nicht zu übersehen. Selbst wenn die einzelnen Akten über den Grunderwerb nicht auffindbar wären, so hätte es in anderen Akten das Waldholz betreffend Hinweise darauf gegeben, schon allein wegen dieser Größenordnung. Grundbesitz von 147 ha wechselt nicht einfach mal so den Besitzer. Rechtsveränderungen am Grundbesitz und den darauf lastenden Nutzungsrechten, nach 1612 bzw. nach 1806, hätte auch die Kirche, speziell das fürstliche Konsistorium, als oberste Aufsichtsbehörde für das Waldholz, nie zugestimmt. Der § 4 der Waldholzordnung von 1830/32 besagt „Jede Veräußerung oder sämtliche Abänderungen, welche die Substanz sowohl als die Nutzungsrechte an den Bestandteilen des Waldholzes betrifft ist nichtig, wenn sie ohne Genehmigung des hohen Konsortiums vorgenommen wird“. Nicht mal in höchster wirtschaftlicher Not hätte es so eine Zustimmung gegeben. Der Parochie Willingen ging es aber zur Zeit der Reformation wirtschaftlich gut (siehe Einicke). Die Teilung des Gesamtbesitzes am Waldholz, bzw. deren darauf lastenden Rechte, hätte bedeutet, dass die Kirche die Hälfte ihrer Ansprüche auf die zugesicherten Nutzungsrechte am Waldholz aufgegeben hätte, ein Ding der Unmöglichkeit. Begünstig wären dann auch noch überwiegend private Personen. Auch wenn die vorgefundene Aktenlage in den verschiedenen Archiven keine Auskunft über die konkreten Vorgänge der Entwicklung der rechtlichen Verhältnisse des Eigentums am Waldholz nach 1806 und bis zum Zustandekommen der Waldholzordnung von 1830/32 geben, ist es jedoch unstrittig belegt, dass diese Ordnung vom fürstlichen Konsistorium zu

Arnstadt und der zuständigen Forstbehörde (FA Gehren, Oberförster Mönch – Lehmannsbrück) im Namen des Fürsten Günther, Friedrich, Carl erlassen wurde (siehe Präambel). Sie trägt demnach bereits durch Ihre Aufstellung amtlichen Charakter. D.h. die darin enthaltenen Bestimmungen zum Ruthenholz waren keine Erfindung des Waldholzdirektoriums bzw. der Gemeinden und schon gar nicht der privaten Teilhaber.

Kopie des § 4 der Waldholzordnung von 1830/32

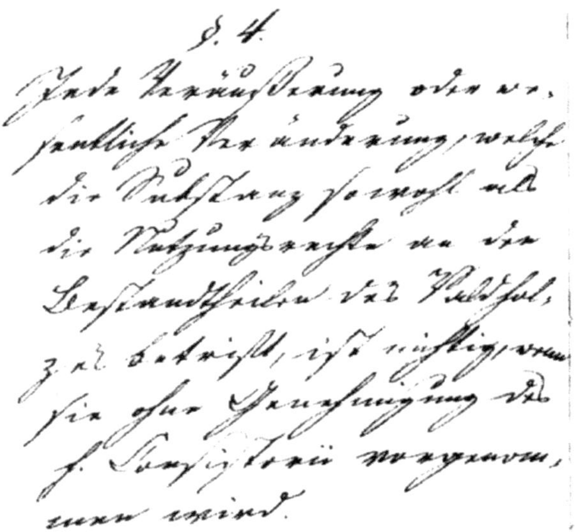

§. 4.
Jede Veräußerung oder wesentliche Veränderung, welche die Nutzung sowohl als die Nutzungsrechte an den Bestandtheilen des Waldholz betrifft, ist nichtig, wenn sie ohne Genehmigung des f. Consistorii vorgenommen wird.

**vergl. Waldholzordnung von 1830 § 4, ThStA Rudolstadt, Kammerverwaltung Gehren, Nr.5-14-240-110*

Zum Zweiten geht aus einem Schreiben des fürstlichen Konsistoriums Arnstadt vom 20.03.1824, sowie aus einer Verfügung der fürstlichen Regierung Arnstadt vom 12.06.1824 hervor, dass das Waldholz aus zwei verschiedenen Teilen besteht und jeder Teil für sich auch abgemarkt gewesen

ist. In der genannten Verfügung wird der zuständige Forstbeamte aufgefordert, „dass an das Willinger Waldholz angrenzende Ruthenholz neu vermessen und Steine setzen zu lassen, da die Grenzen nicht mehr bemerkbar sind“. Die geforderte Vermessung wurde dann im Jahre 1829 durchgeführt s.o. Damit wird nicht nur bestätigt, dass es das Ruthenholz 1824 schon gab, sondern es muss schon wesentlich länger existiert haben, denn ansonsten wären die Abmarkungen, die Grenzen zum Willinger Waldholz (Gottesholz) noch eindeutig vorhanden. Die vorherige Vermessung und Abmarkung muss demnach schon vor länger Zeit, vor dem Ende des Heiligen Römischen Reiches, erfolgt sein. Denn unmittelbar nach dessen Ende erscheint dies auf Grund der Wirren der napoleonischen Kriege (bis 1815) und der noch fehlenden Reformen in den Thüringer Herzog- und Fürstentümern kaum möglich.
Ein dritter Punkt der meine These stützt, sind die Anteile der Einwohner des Ortes Roda am Ruthenholz und wie diese vermutlich in deren Besitz gekommen sind. Schon seit langer Zeit, wahrscheinlich schon von Anfang an, wurde darauf geachtet, dass Einwohner anderer Orte, die nicht als Waldholzdörfer ausgewiesen waren, in den Genuss des Waldholzes kamen. Die 4 Anteile der einzelnen Rodaer Einwohner können nur aus dem untergegangen Ort Breitenherda stammen. Dies ist m.E. die einzige logische Erklärung. Der Ort Roda wird in keinem der historischen Dokumente im Zusammenhang mit dem Waldholz genannt. Breitenherda dagegen, gehörte zu den Waldholzdörfern und war unmittelbarer Nachbarort von Roda. Es ist belegt, dass die Flur von Breitenherda in den Fluren von Branchewinda und vornehmlich in der Flur von Roda aufgegangen ist. Vermutlich siedelten einige Einwohner von Breitenherda, die Inhaber von Anteilen am Ruthenholz waren, nach Roda um. Einen käuflichen Erwerb der Anteile, der Rodaer Einwohner schließe ich aus o.g. Gründen, aus.
Viertens stellt der Fakt an sich, dass es in den einschlägigen Archiven keine Hinweise auf entsprechende Rechtsvorgänge über das Entstehen des Ruthenholzes gibt, schon einen Hinweis darauf dar, dass es das Ruthenholz schon seit sehr langer Zeit geben muss.
Exakte Statistiken über Bevölkerungszahlen und Wohngebäude aus dem Mittelalter gibt es zu unseren Orten leider nicht. Bei meinen Recherchen

zur Ortsgeschichte fand ich jedoch in den Unterlagen der Oberwillinger Parochie einige summarische Seelenverzeichnisse, die einige Rückschlüsse auf die Bevölkerungsentwicklung unserer Orte zulassen. Legt man die Zahlen der folgenden Kopie von Michaelis 1693 zu Grunde, also 45 Jahre nach dem Dreißigjährigen Krieg, so dass sich die Landbevölkerungsverluste in Folge dieses Krieges wieder etwas erholt haben könnten. Schätzungen zufolge war die Bevölkerung durch diesen Krieg, sowie durch Seuchen und Krankheiten in dessen Folge in manchen Gebieten Thüringens um ca. 50 - 70% zurückgegangen.

Kopie eines Seelenregisters von Michaelis 1693 des Ortes Niederwillingen, gefertigt von Pfarrer Stida

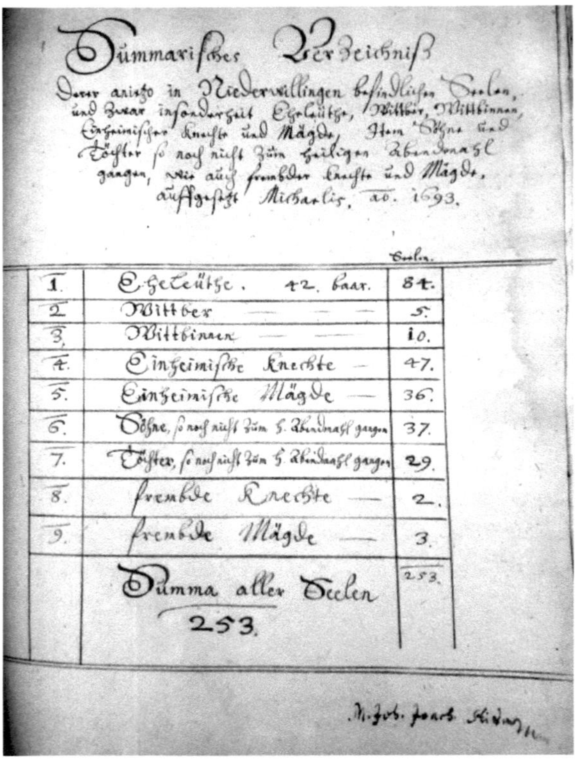

Summarisches Verzeichniß derer anitzo in Niederwillingen befindlichen Seelen, und zwar insonderheit Eheleutge, Wittber, Wittbinnen, Einheimischer Knechte und Mägde, Item Söhne und Töchter so noch nicht zum heiligen Abendmahl gangen, wie auch frembder Knechte und Mägde, aufgesetzt Michaelis, ao. 1693.

		Seelen
1.	Eheleutge. 42. paar.	84.
2.	Wittber	5.
3.	Wittbinnen	10.
4.	Einheimische Knechte	47.
5.	Einheimische Mägde	36.
6.	Söhne, so noch nicht zum h. Abendmahl gangen	37.
7.	Töchter, so noch nicht zum h. Abendmahl gangen	29.
8.	frembde Knechte	2.
9.	frembde Mägde	3.
	Summa aller Seelen 253.	253.

M. Joh. [illegible] Stida[illegible]

Es könnte zu dieser Zeit in Niederwillingen maximal 57 Wohngrundstücke gegeben haben (42 Ehepaare, 5 Witwer, 10 Witwen) eher aber weniger. Vor dem Dreißigjährigen Krieg könnte es demzufolge höchstens die doppelte Anzahl von Wohngrundstücken in Niederwillingen gegeben haben. Ich gehe aber von weit unter 100 Wohngrundstücken aus. Nicht alle Ehepaare, auch nicht alle Witwer und Witwen bewohnten damals ein eigenes Wohnhaus (Wohngrundstück). Oft bewohnten mehrere Generationen ein Wohngrundstück (siehe Altenteil). Legt man die Seelenregister des gleichen Jahres für die anderen Orte der Parochie diesen Überlegungen zu Grunde, trifft dies Bild auch auf Oberwilligen, ca. 10 -12 Wohngrundstücke, ebenso auch auf Behringen, ca. 10 -12 Wohngrundstücke, zu. In Niederwillingen gibt es 79 Teilhaber am Ruthenholz (siehe unten). Diese großen Anzahlen von Teilhabern können auch im Laufe der Zeit durch Teilungen entstanden sein. Ich halte eine Zahl von 50 - 60 Wohngrundstücken in Niederwillingen, in Blütezeiten der Bevölkerungsentwicklung vor dem 16. Jahrhundert für realistisch. Demnach könnten diese Anteile und somit das Ruthenholz, auch schon weit vor den 16. Jahrhundert entstanden sein.

Der Birkenbusch (das Ruthenholz) ist, bis auf die im Grundbuch aufgeführten Grundstücke (siehe oben), wie das Gottesholz nicht parzelliert. Während das Gottesholz Gemeineigentum der beteiligten Orte ist, wird der Birkenbusch im § 40 der Waldholzordnung von 1830/32, als „reines Privateigentum“ bezeichnet. Weitere Hinweise auf das Privateigentum am Ruthenholz zu dieser Zeit belegt eine Anweisung der Arnstädter Regierung vom 06.11.1842 an den zuständigen Forstbeamten zur Beförsterung des Waldholzes in der es im § 9 heißt; „über das im Privateigentum sich befindende sogenannte Busch- und Ruthenholz hat er ebenfalls die Aufsicht zuführen ..., wie er solche nach vorstehender Instruktion über das Waldholz zu verrichten hat …“ Ein weiterer wichtiger Hinweis, der das Privateigentum des Bestandteiles Ruthenholz belegt, ist dessen Grundsteuerliche Behandlung, auf die ich noch ausführlicher eingehe. Da der Birkenbusch nicht parzelliert ist, bildet er ein sogenanntes ideelles Eigentum der Gesamtheit seiner Anteilsinhaber, über das auch nur gemeinschaftlich verfügt werden konnte.

**vergl. Waldholzordnung von 1830, § 40; ThStA Rudolstadt, Kammerverwaltung Gehren, Nr.5-14-240-110, 3.33.2.1, Thüringisches Forstamt Heyda, Archivalien-Signatur: 262, Gutachten S. 12 ff*

Kopie des § 40 der Waldholzordnung von 1830

„Mergellhütte“ im Waldholz

Foto Jürgen Langbein 2017

Die Anteile am Birkenbusch werden „Ruthen“ genannt. Eigentlich wäre die Bezeichnung Quadratruthe richtiger, da es sich in unserem Falle um ein Flächenmaß handelt. Nach den überliefen Ordnungen und Statuten gibt es insgesamt 1.174, 5/24 solcher Anteile (Ruthen). Diesen Angaben zufolge beträgt die Quadratruthe heute ca. 0,1255 ha. Diese Anteile sind auf insgesamt 172 Inhaber verteilt, die überwiegend in Pertinenz (Zusammengehörigkeit zum Teil eines Landgutes) zu den Haus- oder Wohngrundstücken stehen (siehe unten, Statut von 1873, § 13). Durch die Pertinenz wurde gesichert, dass die Anteile in den einzelnen Orten blieben. Es gibt aber auch 30 sogenannte ledige Anteile (freie Anteile) mit insgesamt 173 Ruthen, bei denen keine Pertinenz besteht. Diese ledigen Anteile wurden durch besondere Rechtstitel erworben.

**vergl. Statut von 1873, § 12; ThStA Rudolstadt, 3.33.2.1, Thüringisches Forstamt Heyda, Archivalien-Signatur: 262, Gutachten S. 16*

Über die Anteilsberechtigten Inhaber wurden Verzeichnisse mit Name und Anzahl der Anteile, getrennt nach den einzelnen am Waldholz beteiligten Orten geführt. Später wurde, aus steuerlichen Gründen, noch die der jeweiligen Ruthenanzahl entsprechende Fläche in Hektar hinzugefügt. Die Aufgabe diese Verzeichnisse zu führen fiel den Gemeindevorständen der einzelnen Orte zu. Der Waldholzdirektor, der Bürgermeister von Niederwillingen, hatte ein Gesamtverzeichnis zu führen und auf die Gerechtigkeit (die Verteilung nach Anteilen) zu achten. Das letzte vollständige dieser Verzeichnisse fand ich datiert vom 01.09.1949, es wurde „Mitgliederverzeichnis der Waldgenossenschaft Niederwillingen“ genannt (siehe unten Kopie der letzten Seite).

Kopie eines Auszuges aus § 13 des Waldholzstatutes von 1873

§ 13.

Von dem Ortsvorstande jeder der fünf zur Waldholzgenossenschaft gehörenden Gemeinden und von Roda wird ein Verzeichniß über die in der betreffenden Gemeinde bestehenden Ruthenholzberechtigungen und Inhaber derselben geführt, in welchem die jedesmaligen Besitzveränderungen und die etwa durch Wohnungsveränderung der Berechtigten oder durch Veräußerung der Ruthenholzberechtigungen von oder resp. nach einer andern der sechs Gemeinden entstehenden Ab- und Zugänge eingetragen werden. Ein Hauptverzeichniß über alle Ruthenholzberechtigungen und deren Inhaber hat der Waldholzdirector zu führen und auch in dieses die obigen Veränderungsfälle einzutragen.

Nach den überlieferten Verzeichnissen der Anteilsinhaber am Ruthenholz verteilen sich die Anteile auf die zum Waldholz gehörigen Orte wie folgt:

- Niederwillingen 79 Teilhaber 599 12/24 Anteile
- Oberwillingen 19 Teilhaber 133 18/24 Anteile
- Behringen 14 Teilhaber 108 11/24 Anteile
- Kettmannshausen 17 Teilhaber 146 9/24 Anteile
- Traßdorf 39 Teilhaber 165 2/24 Anteile
- Roda 4 Teilhaber 18 1/2 Anteile

Die Verzeichnisse der Teilhaber (Mitglieder) wurden durchnummeriert. Begonnen wurde in Niederwillingen. Bei den Inhabern der Anteile handelt sich überwiegend um Privatperson mit 8 Ausnahmen. Unter der Nr. 1 der Anteilinhaber (Mitglieder) ist die Gemeinde Niederwillingen und unter der Nr. 2 die Schule in Niederwillingen verzeichnet. Die Nr. 3 bis 79 sind Niederwillinger Einwohner. Die Nr. 80 bis 83 sind die 4 privaten Teilhaber aus dem Orte Roda. Wie bereits erwähnt stammen vermutlich die Anteile der einzelnen Einwohner des Ortes Roda am Ruthenholz, aus dem untergegangenen Ort Breitenherda. Es folgt Behringen, unter der Nr. 84 ist die Gemeinde Behringen verzeichnet. Die Nummern 85 bis 97 sind dann wieder Privatpersonen. In Oberwillingen sind die Nr. 98 die Gemeinde und die Nr. 99 die Pfarre, ansonsten Privatpersonen. In Kettmannshausen hat die Nr. 117 die Schule. Die Nr. 118 bis Nr. 133 sind Privatpersonen. In Traßdorf sind die Nr. 134 die Gemeinde und 135 die Schule. Der Rest Nr. 136 bis Nr. 172 sind wieder Privatpersonen.

Kopie von Auszügen eins Verzeichnisses der Anteilinhaber Ruthenholz Seiten 1, 2, u. 5; die Namen der Teilhaber (Mitglieder) wurden aus Datenschutzgründen von mit entfernt

Verzeichnis
der Anteilhaber der Waldgenossenschaft Niederwillingen (Ruthenholz)

Lfd. Nr.	Anschrift	ha	Anteile Ruthen
1.	Die Gemeinde	9,o5	65
2.	Die Schule	1,52	12
3.		1,o7	8 1/2
4.		1,26	10
5.		o,38	3
6.		o,38	3
7.		1,oo	8
8.		1,26	10
9.		o,63	5
1o.		o,63	5
11.		o,82	6 1/2
12.		o,32	2 1/2
13.		o,63	5
14.		1,8o	14 1/2
15.		o,38	3
16.		o,38	3
17.		o,83	6
18.		o,32	2 1/2
19.		o,51	3 3/4
2o.		o,83	6 1/2

		ha	Anteile
	Übertrag	53,34	41o 1o/24
51.		o,88	6 1/2
52.		1,83	14 1/2
53.		o,63	5
54.		o,63	5
55.		1,89	15
56.		2,o2	15 1/2
57.		o,38	3
58.		o,18	1 1/2
59.		o,18	1 1/2
6o.		o,18	1 1/2
61.		o,21	1 2/3
62.		1,26	1o
63.		o,63	5
64.		o,71	5
65.		1.oo	8
66.		o,63	5
67.		o,89	7
68.		o,62	4 2/3
69.		o,63	5
7o.		o,8o	6 1/4
71.		o,52	4 1/4
72.		o,38	3
73.		o,26	2 1/4
74.		o,63	5
75.		1,26	1o
76.		o,72	6
77.		o,36	6
78.		1,64	13
79.		1,64	13
	Sa. Niederwillingen	76,93ha	599 12/24 Ruthen

Verzeichnis
der Anteilhaber der Waldgenossenschaft Niederwillingen

Gemeinde Oberwillingen

Lfd. Nr.	Anschrift	ha	Anteile
98.	Die Gemeinde	2,1o	16
99.	Die Pfarre	2,52	2o
1oo.		o,38	3
1o1.		o,38	3
1o2.		o,38	3
1o3.		o,76	5 1/2
1o4.		1,oo	7 3/4
1o5.		o,63	5
1o6.		1,oo	8 1/4
1o7.		o,91	7 1/4
1o8.		o,63	5
1o9.		o,63	5
11o.		2,1o	16
111.		o,72	6
12.		o,38	3
113.		1,39	11
114.		o,38	3
115.		o,38	3
116.		o,38	3
	Sa. Oberwill.	17,o5 ha	133 18/24 Ruthen

Das „Mitgliederverzeichnis“ vom 01.09.1949 beinhaltet dagegen nur noch die Namen der 172 Mitglieder und die dazugehörige Fläche in Hektar, die Anzahl der Ruthen wird nicht mehr aufgeführt.

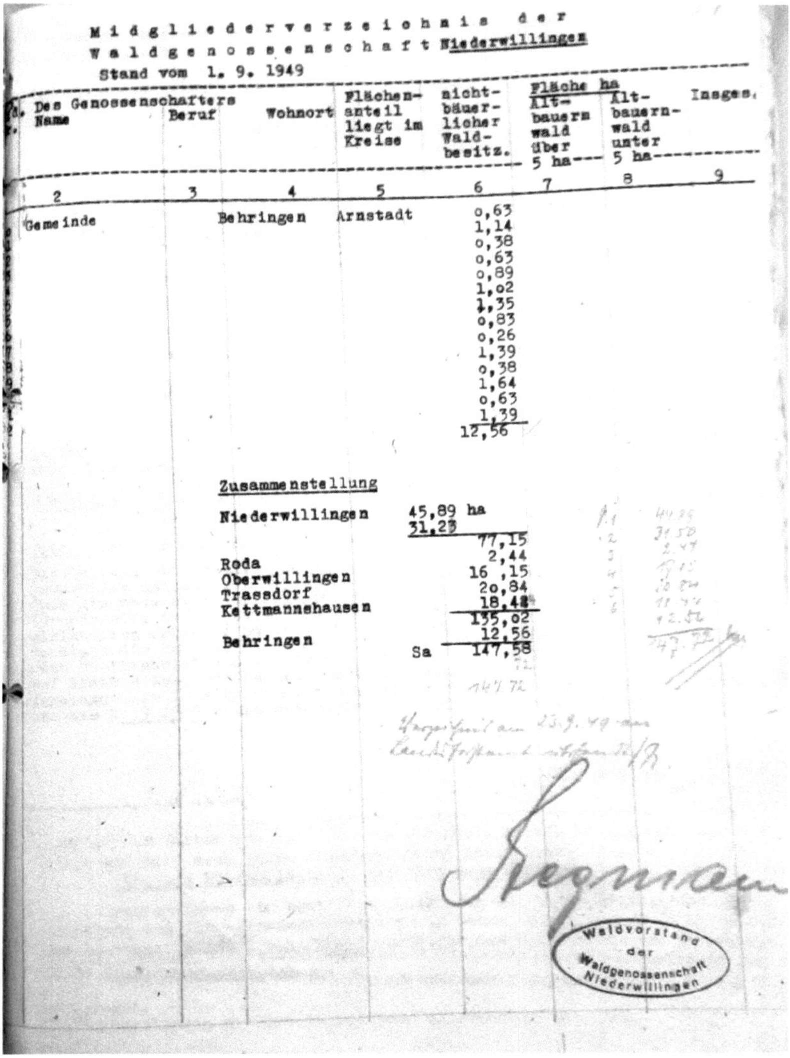

M i d g l i e d e r v e r z e i c h n i s d e r
W a l d g e n o s s e n s c h a f t Niederwillingen
Stand vom 1. 9. 1949

Des Genossenschafters Name	Beruf	Wohnort	Flächenanteil liegt im Kreise	nicht-bäuerlicher Waldbesitz.	Fläche ha Altbauernwald über 5 ha	Altbauernwald unter 5 ha	Insges.
2	3	4	5	6	7	8	9
Gemeinde		Behringen	Arnstadt	0,63			
				1,14			
				0,38			
				0,63			
				0,89			
				1,02			
				1,35			
				0,83			
				0,26			
				1,39			
				0,38			
				1,64			
				0,63			
				1,39			
				12,56			

Zusammenstellung

Niederwillingen	45,89 ha	
	31,26	
		77,15
Roda		2,44
Oberwillingen		16,15
Trassdorf		20,84
Kettmannshausen		18,48
		135,02
Behringen		12,56
	Sa	147,58

Waldvorstand der Waldgenossenschaft Niederwillingen

Der Besitz von Anteilen am Ruthenholz ist in den Grundbüchern der jeweiligen Eigentümer mit der entsprechenden Anzahl der Ruthen als „Buschholzanteil am Niederwillinger Waldholz, Ruthenanteil oder nur Ruthen“, in Pertinenz (soweit eine solche besteht) zu dem jeweiligen Hausgrundstück des Eigentümers eingetragen. Das bedeutet die Besitzanteile am Ruthenholz bei denen eine Pertinenz besteht, standen immer in Verbindung mit dem Hausgrundstück und blieben somit immer in dem Ort in dem sie einmal waren. Wurde das Hausgrundstück veräußert, gingen die Anteile mit auf den Erwerber über. Der Besitz dieser Anteile wird in den Grundbüchern der jeweiligen Inhaber heute noch fortgeschrieben, auch wenn zu DDR Zeiten oft die Pertinenz zu den Hausgrundstücken bei Eigentumsübertragungen nicht beachtet wurde. In den Rechts- und Eigentumsverhältnissen des Ruthenholzes muss es nach 1832 (vermutlich in den Jahren der Erarbeitung des Statutes, zwischen 1869 und 1873) Veränderungen gegeben haben, die sich aus Akten des Staatsarchives Rudolstadt jedoch nicht erschließen lassen. Aus dem Privateigentum der Teilhaber am Ruthenholz wurden lediglich ein Nutzungsrecht. Über die Entstehung des Statutes von 1873 existiert laut Schreiben des Amtsgerichts Arnstadt vom 30.08.1949 ein Aktenband, den ich in den Archiven nicht fand. Offenbar sind diese Vorgänge noch nicht archiviert. Zu den aktiven Akten des Grundbuchamtes hatte ich keinen Zugang. Die förmliche Übertragung der geänderten Eigentumsverhältnisse im Grundbuch geschah jedoch auch nicht. In den alten Grundbuchauszügen von Niederwillingen, blieben die Eigentümereintragungen von vor 1873 erhalten. Der Eintrag wurde bis einschließlich 1949 nicht geändert, der Eigentümer lautete immer, „Die Ruthenholzberechtigten“ und nicht wie im Statut § 2 beschrieben, siehe unten Kopie des § 2 des Statutes von 1873.

§ 2.

II. Eigenthumsverhältnisse.

Das Eigenthum an dem, und zwar nach seinen Bestandtheilen und seiner Flächengröße im § 1 beschriebenen Waldholze steht der juristischen Persönlichkeit der Niederwillinger Waldholzgenossenschaft zu, zu welcher die Gemeinden Niederwillingen, Oberwillingen, Behringen, Kettmannshausen und Trasdorf gehören.

Im Waldholz

Foto Jürgen Langbein 2017

Der § 12 bestimmt im ersten Satz:
„Die Nutzung am Ruthenholze fließen einzelnen Einwohnern in den fünf zur Waldholzgenossenschaft gehörenden Gemeinden und in dem Orte Roda zu, welche die Berechtigung dazu durch besondere Rechtstitel erworben haben ...“ (siehe Kopie des § 12).

1873 Kopie des § 12 des Statutes von

§ 12.

c. Nutzungsrechte am Ruthenholze insbesondere.

Die Nutzungen am Ruthenholze fließen einzelnen Einwohnern in den fünf zur Waldholzgenossenschaft gehörigen Gemeinden und in dem Orte Roda zu, welche die Berechtigung dazu durch besondere Rechtstitel erworben haben.

Diese Berechtigungen (sogenannte Ruthen oder Ruthentheile), deren es im Ganzen $1174\frac{5}{24}$ ganze Antheile giebt, sind, soweit nicht Ausnahmen nachweislich durch die Besitzurkunden zu begründen sind, Zubehörungen der berechtigten Häuser in den zur Waldholzgenossenschaft gehörenden fünf Gemeinden, bezüglich im Dorfe Roda. Die Zulässigkeit der Abtrennung dieser Berechtigungen von den Grundstücken, zu denen sie gehören, wie der Uebertragung der Pertinenz auf ein anderes Hausgrundstück der betreffenden Ortschaft und das hierbei einzuhaltende Verfahren unter Mitwirkung der zuständigen Behörden richtet sich nach den betreffenden Landesgesetzen des Staates, in welchem das berechtigte Grundstück liegt.

Ruthenholzantheile, die in rechtsbegründeter Weise außerhalb eines Pertinenzverhältnisses zu einem Grundstücke in der betreffenden Gemeinde stehen, bleiben in der Gemeinde, aus welcher sie entstammen, einbezirkt, sofern die Besitzer nicht Angehörige einer der fünf zur Waldholzgenossenschaft gehörigen Gemeinden, bezüglich der Gemeinde Roda sind.

Die mehreren Einwohnern von Roda zustehenden Berechtigungen sind zwar in den Erwerbsurkunden nach einem bestimmten Ackergehalte beschrieben, dieselben bestehen aber nichtsdestoweniger nicht in dem Eigenthumsrechte an einer entsprechenden Waldfläche, sondern wie in den übrigen fünf Gemeinden nur in dem Rechte auf den Antheil an den Nutzungen des Ruthenholzes nach dem Verhältnisse, daß die mit einem halben Acker beschriebene Berechtigung fünf Ruthen oder Antheile an der Holznutzung in Anspruch zu nehmen hat.

Im § 14 wird bestimmt wie die jeweiligen Holzernten im Ruthenholz an die Ruthenholzberechtigten zu verteilen sind.

1873 Kopie des § 12 des Statutes von

§ 14.

Die jedesmaligen Ernten aus dem Ruthenholze werden mit Vorbehalte der im § 17 enthaltenen Bestimmung durch den Waldholzdirector unter Zuziehung der Ortsvorstände der Gemeinden Oberwillingen, Behringen, Kettmannshausen und Trasdorf dergestalt vertheilt, daß jeder dieser Gemeinden, sowie der Gemeinde Niederwillingen und Roda so viel Antheile davon zugewiesen werden, als in einer jeden der fraglichen Gemeinden Ruthenholzberechtigungen nach Maßgabe der geführten Verzeichnisse bestehen.

Die Vertheilung des hiernach einer jeden Gemeinde zugewiesenen Holzquantums an die einzelnen Berechtigten nach Maßgabe ihrer Berechtigungen liegt dem Ortsvorstande der betreffenden Gemeinde allein ob. Nur bezüglich der Ruthenholzberechtigten von Roda besteht die Ausnahme, daß ihnen ihr Holzquantum durch den Ortsvorstand von Niederwillingen überwiesen wird.

Aus heutiger Sicht heißt, dass: Alle Abwürfe (Einnahmen) aus dem Bestandteil Ruthenholz standen den Anteilsinhabern zu.
Ein weiterer Beleg für die rechtliche Eigenständigkeit der Ruthenholzes ist die über Jahrhunderte praktizierte vom Gottesholz getrennte Rechnungs- und Kassenführung.
**vergl. Statut von 1873 § 22; Gottesholzrechnungen von 1579 -1899; Gutachten S. 16 ff.*

Kopie des § 22 vorletzter Satz des Waldholzstatutes vom 30.06.1873

Die das Ruthenholz betreffenden Einnahmen und Ausgaben werden in einer besonderen, von der Rechnung über das Gottesholz getrennten Rechnung aufgestellt.

Zu den das Gottesholz betreffenden Ausgaben gehören außer den aus den §§ 4 bis 10 sich ergebenden die Cultur-, Wegebau- und Aufsichtskosten.

Besonders deutlich wird das auch im letzten Satz des § 26 der Waldholzordnung von 1830, der die Verwendung des Ertrages des Kaufackers bestimmt. Hier heißt es: „... *Der übrige Ertrag von dem Kaufackern kommt den sämtlichen Teilhabern des Busches pro rata (nach Beteiligung, pro Ruthte) zugute, und ist mit dem übrigen Busche zu verteilen, da die Waldholzkasse so wenig einen Anspruch auf das Einkommen aus dem Birkenbusche zu machen hat, als den Teilhabern dieses Busches ein Recht auf diese Kasse zusteht:*"

Kopie eines Ausschnittes des § 26 aus der Waldholzordnung von 1830

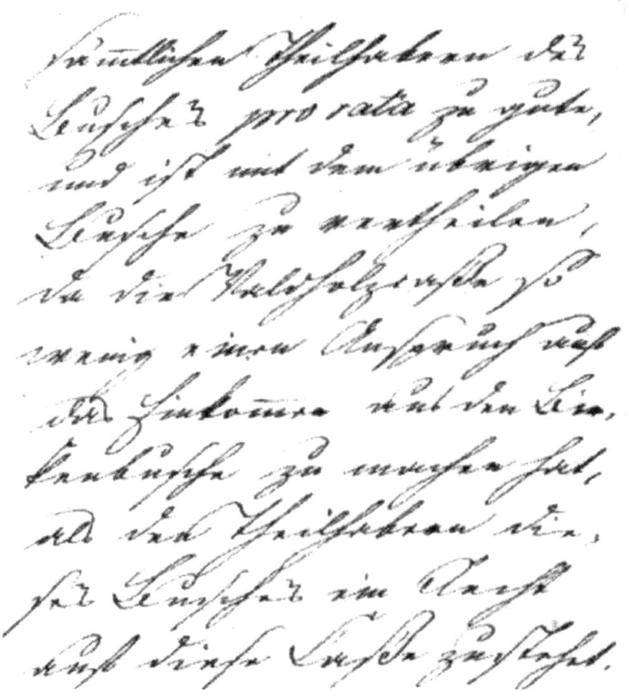
sämtlichen Theilhabern des
Busches pro rata zu gute,
und ist mit dem übrigen
Busche zu vertheilen,
da die Waldholzcasse so
wenig einen Anspruch auf
das Einkommen aus dem Bir-
kenbusche zu machen hat,
als den Theilhabern die-
ses Busches ein Recht
auf diese Casse zusteht.

Neben den genannten Rechten werden in den überlieferten Waldholzordnungen auch die Pflichten der Anteilsinhaber am Ruthenholz beschrieben. So bestimmte z. B. der § 16 des Statutes von 1873, dass die Ruthenholzberechtigten entsprechend ihrer Anteile die Kosten der Holzernten im Ruthenholz zu tragen hatten. Ebenso die entsprechenden Messgelder, Verwaltungs- und Besoldungskosten des Waldholzdirektoriums und die Kosten für anzulegende Kulturen und den Wegebau. Auch das belegt die ehemalige rechtliche Unabhängigkeit vom Gottesholz.

Kopie des § 16 des Waldholzstatutes vom 30.06.1873

§ 16.

Die Ruthenholzberechtigten haben nach dem Verhältnisse ihrer Ruthenholzberechtigung 3 Pf. Meßgeld von jeder Ruthe und die Kosten der Holzernten und der im Ruthenholze anzulegenden Culturen und vorzunehmenden Wegebauten zu tragen, dergestalt, daß sie letztere an den Ortsvorstand ihrer betreffenden Gemeinde abzuführen und letztere dieselben an den Rechnungsführer der Waldholzgenossenschaft abzuliefern haben. Die zu Culturen erforderlichen Pflanzen werden aus dem Gottesholze unentgeldlich abgegeben, sofern darin deren vorhanden und entbehrlich sind.

Für die in diesen Paragraphen erwähnten Mühewaltungen erhält jeder Ortsvorstand von den Ruthenholzbesitzern seines betreffenden Orts eine Entschädigung, die für die Ruthe auf 1 Pfennig hoch jährlich festgestellt wird.

Die Forstordnung von 1932 brachte das Waldholzdirektorium in erhebliche Schwierigkeiten, da eine neue Satzung aufgestellt werden musste (siehe oben „Das Gottesholz“). Nach der Anordnung des zuständigen Thüringer Finanzministeriums vom 11.07.1933 sollte auch für den Bestandteil Ruthenholz eine gesonderte Satzung aufgestellt werden. Dies geschah jedoch nicht, obwohl das Statut von 1873 im Ganzen aufgehoben wurde. Vielleicht wollte man das Statut im Ganzen, mit der Satzung von 1936, auch nicht aufheben, denn der Waldholzvorstand handelte in den folgenden Jahren für den Bestandteil Ruthenholz so, als würde das Statut von 1873 noch existieren. Das wurde offensichtlich bis in die Nachkriegszeit im Jahre 1949 so praktiziert. Belegt ist das u.a. durch die getrennte Bewirtschaftung (Einschlagspläne, Forsteinrichtung), Abrechnung und Verteilung der Erträge. Bei meinen Recherchen zu den alten Rechten am Ruthenholz fand ich in alten Grundbuchauszügen des ehemaligen Amtsgerichts Stadtilm (das 1949 aufgelöst wurde), das im Grundbuch Gemarkung Niederwillingen Blatt 9, der Flurstücke 1135, 1137 und 1138, in der Flur 12, noch bis 1949 als Eigentümer „Die Ruthenholzberechtigten“ eingetragen waren. Ich fand dabei auch einen Verweis auf Artikel 22, bzw. Bestand 22. Da mir bekannt ist, dass dies auf die Grundsteuermutterrolle hinweist, prüfte ich die in den Archivbeständen die vorhandenen Mutterrollen des Gemeindebezirkes Niederwillingen und stellte fest, dass sich in der 1908 begonnenen Mutterrolle des Gemeindebezirkes Niederwillingen, die im Jahre 1949 geschlossen wurde, im Band I unter Artikel 22, die Grundstücke des Grundbuchblattes 9 befinden. Auch hier wird als Eigentümer „Die Ruthenholzberchtigten“ geführt. Ebenso verhielt es sich in den früheren Grundsteuerheberollen. Dieser Eintrag wurde bis einschließlich 1949 in diesen Dokumenten auch nicht geändert. Das heißt die Grundsteuerlast lag bei den Ruthenholzberechtigten, sie hatten die anteilige Grundsteuer am Ruthenholz zu tragen. Im Jahre 1922 betrug die Grundsteuer für das Ruthenholz 118,75 Mark. Aus diesem Fakt würde sich auch erklären, warum das Waldholzdirektorium der Anordnung nicht folgte für das Ruthenholz eine eigene Satzung aufzustellen. Man hätte bei der Beschlussfassung zur Satzung alle 172 Teilhaber, davon 164 Privatpersonen, einladen und unter anderem erklären müssen, warum sie über Jahrzehnte Grundsteuer auf einen Grundbesitz zahlen mussten, der laut Statut von 1873 gar nicht mehr ihr Eigentum ist. Die Vermutung liegt nahe, dass der gesamte Eigentumswechsel von 1873 (privates Eigentum zu Nutzungsrechten) den Teilhabern am Ruthenholz niemals erklärt wurde. Zumindest wurden sie dazu auch beim Zustandekommen des Statutes nicht gehört, bzw. es erfolgte mit ihnen keine vorherige Verständigung. Der Eigentumswechsel erfolgte vermutlich ausschließlich durch Anordnung von oben her (Waldholzdirektorium, Forstamt, Landrat, siehe Gutachten S. 16 ff) ohne jegliche Einbeziehung der Betroffenen. Wie aus einem bereits o.g. Schreiben des Forstamtes Heyda an das Thüringische Finanzministerium vom 05.07.1933 hervorgeht, „erschien es so gut wie ausgeschlossen, dass die vielen Mitglieder des Schwarz- (5 Gemeinden) und Ruthenholzes (172 überwiegend private Mitglieder) neue Satzungen annehmen werden". Schon bei geringfügigen Anlässen gab es Auseinandersetzungen und keine Einigung. Man fürchtete offensichtlich aus gutem Grund den Zorn der Masse. In den Vorgänger Waldholzordnungen z.B. von 1830 wurde das Ruthenholz noch als „reines Privateigentum" bezeichnet. Damit war auch die Heranziehung der Ruthenholzberechtigten zur Grundsteuer vor 1873 gerechtfertigt. Bei einer Niederwillinger Gemeindefläche von insgesamt ca. 1070 ha sind die 147 ha Ruthenholz auch kein unerheblicher Posten. Es ist davon auszugehen, dass während der gesamten Zeit von 1873 bis 1949 die Ruthenholzberechtigten die Grundsteuerlast zu tragen hatten.

Kopie eines Ausschnittes der Grundsteuerheberolle 1919 bis 1928 für den Gemeindebezirk Niederwilligen ThStA Rudolstadt, Thüringisches Katasteramt Rudolstadt, 5-33-1320 Nr. 574

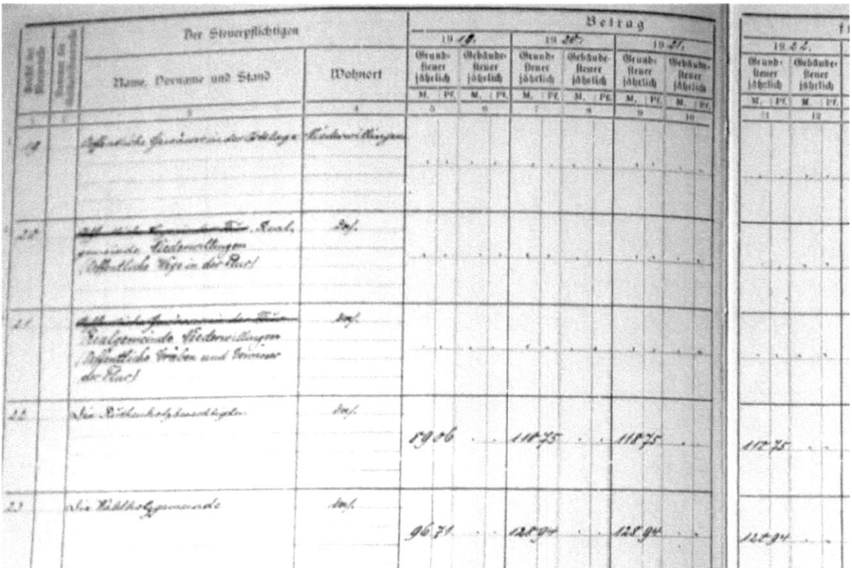

	Der Steuerpflichtigen: Name, Vorname und Stand	Wohnort	1919 Grundsteuer jährlich	1919 Gebäudesteuer jährlich	1920 Grundsteuer jährlich	1920 Gebäudesteuer jährlich	1921 Grundsteuer jährlich	1921 Gebäudesteuer jährlich	1922 Grundsteuer jährlich	1922 Gebäudesteuer jährlich
19	[illegible]	Niederwillingen								
20	Realgemeinde Niederwillingen (Öffentliche Wege in der Flur)	Dgl.								
21	Realgemeinde Niederwillingen (Öffentliche Gräben und [illegible] der Flur)	Dgl.								
22	Die Ruthenholzberechtigten	Dgl.	19.06		118.75		118.75		118.75	
23	Die Waldholzgemeinde	Dgl.	96.71		128.94		128.94		128.94	

Ob diese tatsächlich den 172 Teilhabern aufgebürdet wurde konnte ich an Hand der Aktenlage nicht ersehen. Die schwerpunktmäßig eingesehenen Gemeindesteuerrechnungen ergaben in dem Zeitraum von 1880 bis 1929 keine detaillierten Auskünfte darüber. Die Grundsteuern waren hier nur als Gesamtsummen erfasst. Eine Auskunft würden nur die Grundsteuerbescheide der einzelnen Teilhaber geben. Zu denen hatte ich aber keinen Zugang. Die Möglichkeit dazu, die Grundsteuer von den einzelnen Teilhabern zu erheben, wäre aber an Hand der von der Gemeinde geführten Verzeichnisse dieser Teilhaber durchaus gegeben. Es gibt aber auch die Möglichkeit, dass die Grundsteuer aus der Waldholzkasse (Ruthenholzkasse) getilgt wurde. Aus dem Vorgenannten ergibt sich eine weitere rechtliche Frage. Durch die jahrzehntelange Falscheintragung des Eigentums am Ruthenholz, sowie dessen grundsteuerlicher Behandlung durch die Gemeinde Niederwillingen und die praktische Handhabung des Ruthenholzes durch den Waldholzvorstand nach dem alten Statut von 1873, trotz dessen Aufhebung, wurde möglicher Weise Grundeigentum durch die Ruthenholzberechtigten ersessen (siehe §§ 900 u. 927 BGB). Es stellt sich auch die Frage die unbeantwortet bleiben muss, warum bei der Rückübertragung der Grundstücke im Jahre 1991, wobei auch neue Grundbuchblätter angelegt wurden, für das Ruthenholz, Blatt 22 und für das Gottesholz Blatt 23, das Problem nicht aufgefallen ist. Die derzeit gültige Satzung des Waldholzes aus dem Jahre 2008 beinhaltet wieder alle Grundstücke der beiden Bestandteile, die des Gottesholzes und die das Ruthenholzes. Die Anordnung von 1933 zwei getrennte Satzungen aufzustellen, blieb in dieser Satzung unberücksichtigt. Nach dieser Satzung änderten sich Rechtsverhältnisse des Waldholzes, auf welcher Rechtsgrundlage auch immer, sie wird nicht genannt. Eigentümer aller Grundstücke des Waldholzes ist jetzt die Waldholzgenossenschaft Niederwillingen (§3, Abs. 2). Mitglieder der Waldholzgenossenschaft sind die Rechtsnachfolger der ehemaligen Waldholzdörfer, die Gemeinden Ilmtal und Wipfratal (§3, Abs. 3). Der Ertrag des gesamten Grundbesitzes (Gottesholz und Ruthenholz) steht jetzt den Mitgliedern (Gemeinden) zu (§4, Abs. 1). Besonders betroffen von den geänderten Rechtsverhältnissen ist der Bestandteil Ruthenholz. Während die überlieferten Nutzungsrechte am Gottesholz, in veränderter Form, in der Vereinbarung der Gemeinden Ilmtal und Wipfratal vom 26.09.2008 beschrieben wurden und damit weitgehest erhalten blieben, werden die Nutzungsrechte der Teilhaber am Ruthenholz in beiden Dokumenten nicht erwähnt. Was ist aus den überlieferten und früher in den Ordnungen und Statuten beschrieben Rechten geworden? Worin bestehen diese Nutzungsrechte heute, wenn der gesamte Ertrag aus dem Ruthenholz den genannten Gemeinden zusteht? Es handelt sich schließlich um private Eigentumsrechte, die im Grundgesetz besonders geschützt sind. Bis 1949 waren diese überlieferten Nutzungsrechte am Ruthenholz noch erhalten und es wurde praktisch nach ihnen gehandelt, d.h. die Erträge aus dem Ruthenholz wurden nach Anteilen unter die Teilhaber (Mitglieder) verteilt. Da die Teilsatzung von 1936 noch bis 2008 bestand hatte, können diese Rechte nur mit der neuen Satzung verloren gegangen sein. In den Grundbüchern der jeweiligen Teilhaber ist der Besitz der Anteile am Ruthenholz heute noch erhalten und sie werden bei Eigentumswechseln der Wohngrundstücke immer noch fortgeschrieben.

Die alte Jagdhütte auf der Ebene im Waldholz

Foto Jürgen Langbein 2017

7. Zusammenfassung

Das Waldholz hat eine seit Jahrhunderten andauernde Geschichte. Ich gehe nach meinen Untersuchungen und nach dem derzeit erlangten Erkenntnisstand davon aus, dass die Sage über das Waldholz, wie es mit seinen gemeinschaftlichen Nutzungsrechten der Waldholzdörfer am Gottesholz und einzelner Einwohner dieser Dörfer am Ruthenholz in grauer Vorzeit entstanden sein soll, viel Wahres beinhaltet. Dafür spricht insbesondere:

- Der Grund und Boden des Waldholzes ist ehemaliges Eigentum des Heiligen Römischen Reiches und wurde als „Reichslehen" an die Waldholzdörfer und deren Einwohner vergeben. D.h. der Grundbesitz wurde an die Dörfer / Gemeinden und die einzelnen Einwohner die im Genuss der Ruthen sind, durch einen speziellen Rechtsakt verliehen. Die Begründung der Lehen erfolgte in der Regel durch Investitur (*constitutio feudi, infeudatio*), durch den sogenannten Handgang. Auch wenn darüber keine Urkunden gefunden wurden ist das Reichslehen unstrittig belegt. Das unterstreicht die Aussage von der Schenkung in der überlieferten Waldholzsage.
- Am wahrscheinlichsten war es ein Graf aus dem Geschlecht der *„Sizzonen / Käfernburger"*, der den Waldholzdörfern diese Lehen übertragen hat. Die Grafen von Käfernburg, die Grafen von Schwarzburg und die Grafen von Rabenswalde-Wiehe haben in den „*Sizzonen*" (vermutlich fränkischen Ursprungs), gemeinsame Vorfahren. Die Käfernburger Grafenfamilie hatte ihren Stammsitz auf der Käfernburg bei Arnstadt. Sie hatten ihren Allodialbesitz und die Reichslehen in unserer Gegend und sie konnten auf Grund ihrer Stellung im Reich (sie gehöhrten im Mittelalter zum Thüringer Hochadel) auch darüber verfügen und Reichslehen weitervergeben. Die Käfernburger Grafenfamilie war solange diese existierte in unserer Gegend ständig präsent. Eine Verbindung der Käfernburger Grafen zur Elgersburg ist ebenfalls

bezeugt. Urkundlich belegt ist, dass die Grafen von Käfernburg die Elgersburg, die vermutlich einmal als Grenzbefestigung errichtet wurde, im Jahre 1288 an die Henneberger Grafenfamilie verkauften. Die Grafen von Henneberg hatten ihren Besitz und ihr Einflussgebiet bis zu dieser Zeit nur südlich des Rennsteiges. Damit begann die Zersplitterung des bis dahin einheitlichen und zusammenhängenden Käfernburger Besitzes in unserer Gegend (siehe Waldholzdörfer). Die Grafen von Schwarzburg (Verwandte, Erben und Nachfolger der Käfernburger) hatten Kenntnis darüber (eventuell besaßen sie auch entsprechende Dokumente), dass es sich bei dem Grund und Boden im Waldholz um Eigentum des Heiligen Römischen Reiches handelte und dieser als Lehen vergeben wurde. Sie verteidigten diesen Grund und Boden gegenüber den Herren von Witzleben zu Elgersburg (Siehe Archivale vom 25.05.1571, in der das Waldholz als *„uff des heiligen Reiches Lehen“* und *„die römisch-kaiserliche Majestät als des Orts Lehnsherr“* bezeichnet wird).

- Das Waldholz mit seinen gemeinsamen Nutzungsrechten als solches ist schon sehr alt. Die Handhabung dieser Rechte wurde in dem Archivale vom 7. Juni 1578 mit der Formulierung; *„Einem Jeden sein Gebühr zugemessen, welch also über Menschengedenkens gehalten worden“,* beschrieben. Die Belehnung der „Waldholzdörfer“, ist demnach mit hoher Sicherheit einer Zeitspanne zuzuschreiben die vor dem Aussterben der Käferburger Grafenfamilie im Jahre 1385 datiert.
- Die Orte Behringen, Traßdorf und Kettmannshausen gehörten damals noch unstrittig zum Machtbereich der Käferburger Grafenfamilie. In der Zeit zwischen 1100 und 1350 sind die schriftlichen Überlieferungen noch sehr spärlich und vereinzelt, davor selten, oder nicht mehr erhalten. Die Urkunden über die Käfernburger sind in einer Vielzahl von Sammlungen und Regesten enthalten. Das erklärt vielleicht auch warum, bisher keine Belege gefunden wurden. Eine weitere Ursache dafür können die Wirren um den Besitz des Käfernburger Grafengeschlechts, nach dessen Ausster-

ben, sein. Dabei sind mit großer Wahrscheinlichkeit viele Zeugnisse über deren ehemaligen Besitz verloren gegangen, vielleicht auch bewusst vernichtet worden, um eigene Vorteile zu sichern.

- Das Waldholz als gemeinschaftliche Einrichtung hat die Zeiten unbeschadet überstanden. Das ist ausschließlich der Tatsache zu verdanken, dass das Waldholz Reichslehen war und damit nicht angetastet werden konnte. Keiner der jeweiligen Herrscher, der später durch die Teilungen oder Abtrennungen von Territorien, an das Waldholz angrenzenden Besitz erlangten, oder sogar Besitzer von Waldholzdörfern wurde, hat jemals das Waldholz als solches beanspruchen können. Obwohl die gesamte bekannte und in Form von Dokumenten belegte Waldholzvergangenheit, eine Vergangenheit von Streitigkeiten ist mit angrenzenden Eigentümern ist.
- Die überlieferten, auf Observanz und Revers, sowie dazu getroffenen hoheitlichen Entscheidungen, beruhenden gemeinsamen Eigentums- und Nutzungsrechte haben sich bis heute für den Bestandteil Gottesholz weitgehend erhalten. Für den Bestandteil Ruthenholz sind sie nach 1990, aus welchen Gründen auch immer, leider verloren gegangen. Das mag vielleicht auch darin begründet sein, dass während der 40 Jahre der DDR privates Eigentum keine Rolle spielte, der sozialistischen Staatstheorie sogar wiedersprach. Zum anderen gibt es heute, nach dem fast 4 Generationen vergangen sind, kaum noch ehemalige Inhaber von Anteilen am Ruthenholz, die die alten Rechte und Gewohnheiten aus eigenem Erleben kennen.